ISBN 978-3-649-62407-3

© 2017 Coppenrath Verlag GmbH & Co. KG,
Hafenweg 30, 48155 Münster, Germany
© an den Texten bei Hans Kruppa, 2017
Grafische Gestaltung von Thomas Wolters, Internetlitho
Fotos & Illustrationen: www.shutterstock.de
Alle Rechte vorbehalten

www.coppenrath.de

Hans Kruppa

Die schönste Zeit ist jetzt

Erzählungen, Gedichte & Gedanken

COPPENRATH

Das
Leben
hat täglich
Geburtstag

Das Leben hat täglich Geburtstag

Das Leben ist
ein Geschenk an uns,
das wir täglich aufs neue
mit Freude empfangen,
entdecken und verstehen sollten.
Das Leben hat täglich Geburtstag.

Lebensbejahung

Lebensbejahung ist das Zauberwort,
das fast alle Türen öffnet.
Es nimmt Ängsten ihre Macht,
schlechten Erfahrungen ihr Gift
und dem Mißmut seinen Mut.
Ein klares und eindeutiges Ja zum Leben,
trotz all seiner Gefahren und Tücken,
trotz seiner Unvollkommenheit und Vergänglichkeit,
ist im Grunde unverzichtbar für dich,
wenn du dein Potential verwirklichen willst.

LASS UNS FEIERN

Laß uns feiern,
laß uns tanzen,
in kleinen Halben
und im großen Ganzen.

Laß uns den
Ernst des Lebens nerven
und allen Frust abwerfen,
bis wir ganz leicht
und immer leichter werden
und kaum noch Halt finden
auf Erden und innerlich
anfangen zu schweben
und heute so richtig
gänzlich glücklich leben.

INNERE WEISHEIT

Es gibt
eine Intelligenz in uns
jenseits der Verstandesgrenzen,
eine grenzenlose innere Weisheit,
die unser Leben erleuchtet,
wenn wir uns ihr anvertrauen.
Wir finden sie nur
in der unmittelbaren Gegenwart,
im Hier und Jetzt.
Sie ist immer da,
sie ist das wahre Leben.

LEBENSWANDEL

Viel Gutes wartet auf den,
der seinen Lebenswandel
immer aufs neue
dem Wandel
des Lebens anpaßt.

DIE ZEIT FÜLLEN

Beschwingt von
Augenblick zu
Augenblick tanzen,
mit Heiterkeit
die gute Zeit füllen,
von innen lächelnd
mit dem Leben flirten,
in magischer Musik baden,
die Zeit gut füllen.

NUR DIE GEGENWART

Du versuchst,
deiner Vergangenheit
zu entkommen,
indem du
für die Zukunft lebst –

doch nur die Gegenwart
lebt für dich.

WAS BESSER IST

Es ist besser,
seinen eigenen Weg zu finden,
als mit der Masse zu gehen.

Es ist besser,
das Gute im Schlechten,
als das Schlechte im Guten zu sehen.

Es ist besser,
Flagge zu zeigen,
als seine Fahne nach dem Wind zu drehen.

Es ist besser,
den Sinn des eigenen Lebens,
als das Chaos des Weltgeschehens zu verstehen.

Die Lektion des Meisters

Ein Mann sagte zum Meister: „Ich habe oft das Empfinden, verwirrt zu sein und meinen eigenen Gefühlen nicht trauen zu können. Kannst du mir sagen, wie ich mehr Klarheit gewinnen kann?"

„Schau die Dinge so an, wie sie sind. Lege nichts Fremdes in sie hinein. Laß sie einfach so sein, wie sie sind."

„Aber tut man das nicht ohnehin?"

„Nein", widersprach der Meister. „Viele Menschen sehen die Dinge nicht so, wie sie sind, sondern machen sie zu einer Leinwand, auf die sie ihre eigenen Gefühle und Gedanken projizieren."

„Gib mir ein Beispiel", bat der Mann.

„Schau durch das Fenster in den Himmel!" forderte der Meister ihn auf. „Was siehst du dort?"

„Ich sehe den Vollmond", erwiderte der Mann.

„Das ist gut. Doch wenn du sehr hungrig wärst, würdest du nicht den Vollmond sehen, sondern womöglich einen Käselaib. Und wenn du sehr verliebt wärst, würdest du das Gesicht deiner Angebeteten statt des Mondes sehen. Und wenn du sehr geldgierig wärst, würdest du statt des Vollmondes eine Silbermünze sehen."

„Das leuchtet mir ein. Die Dinge sind das, was wir in sie hineinsehen", sagte der Mann, stand auf und wollte sich schon mit Dank für die Lektion verabschieden, die er bekommen hatte.

Da fragte der Meister ihn: „Was siehst du, wenn du in mein Gesicht schaust?"

„Ich sehe das Gesicht eines weisen Mannes."

„Das ist nicht gut", sagte der Meister.

„Warum?" fragte der Besucher überrascht.

„Wenn du in Einklang mit dir selbst leben würdest, dann würdest du nicht das Gesicht eines weisen, sondern eines ganz normalen Mannes sehen. Doch da du in Verwirrung lebst, sehnst du dich nach Weisheit. Es ist deine Sehnsucht, die mein normales Gesicht zu einem weisen Gesicht macht."

Erst jetzt verstand der Besucher die Lektion des Meisters.

GEWISSENSFRAGE

Du lebst richtig,
wenn du auf die Frage,
wie du heute
leben würdest,
wenn du morgen
sterben müßtest,
antworten kannst:

So wie gestern.

EIN VERLORENER TAG

Ein Tag
ohne ein Lächeln,
ohne ein Lachen,
ohne Momente
der Liebe und Lebensfreude
ist im Grunde
ein verlorener Tag.

ERKENNE DIE KOSTBARKEIT DER LEBENSZEIT

Das Leben ist kein allzu langer Weg, auch wenn er dem jungen Menschen so erscheint.

Wieviel kostbare Zeit und Kraft gingen dir nicht schon verloren durch das Führen hohler Gespräche, die Anhäufung überflüssigen Wissens, durch sinnlose Auseinandersetzungen und vergebliche Liebesmühe!

Doch es ist nie zu früh und auch nie zu spät, sich der Kostbarkeit seiner Lebenszeit bewußt zu werden – und sie sinnvoller, reichhaltiger zu gestalten und mit guten Gesprächen, schönen Empfindungen und inspirierenden Begegnungen zu füllen.

Je mehr Raum du dem Lebenswerten in dir gibst, desto weniger Macht haben die Kräfte, die dich verführen, deine Zeit zu vergeuden.

Im Herzen
des Augenblicks

Im Herzen des Augenblicks

Im Herzen des Augenblicks
bewegt sich die Zeit
ohne mich und dich,
und wir können
die Ewigkeit umarmen.

Im Herzen des Augenblicks
gibt es kein Heiß und Kalt,
kein Jung und Alt –
alles ist gut, alles ist eins
in der Mitte des Seins.

Im Herzen des Augenblicks
ist es die Kunst des wahren Glücks,
das bloße Atmen zu genießen
und zeitlos mit dem
Lebensfluß zu fließen.

LIEBESERKLÄRUNG

Ich atme
den Augenblick ein –
seinen Duft,
seine Frische,
seine Einmaligkeit.

Ich schmecke seine Heiterkeit,
genieße seinen Zauber,
fließe mit seiner Musik.

Ich liebe den Augenblick.
Und er spürt es.
Vielleicht liebt er
deshalb auch mich.

NAHRUNG

Dies ist die Nahrung,
die den Hunger der Sehnsucht stillt:
der ganz erkannte,
ganz gelebte und geliebte Augenblick,
der das Herz erfüllt,
den Körper liebkost und die Seele beglückt.

Ein guter Rat

Der Tod erschien einer jungen Frau in ihrem Traum und sagte: „Erschrick nicht zu sehr, denn dies ist nur ein Traum, auch wenn ich dir die Wahrheit sagen werde!"

Nachdem sie ihren Schrecken überwunden hatte, siegte ihre Neugier, und sie fragte den Tod: „Was willst du von mir?"

„Dein Leben", sagte er.

Die Frau erschrak aufs neue, diesmal noch tiefer. „Aber warum?" fragte sie, den Tränen nah. „Ich bin doch noch so jung!"

„Das Alter spielt für mich keine Rolle", erklärte der Tod. „Gestern habe ich einen zweijährigen Jungen abholen müssen. So ist es nun mal."

„Aber warum?" fragte die junge Frau erneut voller Verzweiflung. „Ist es meine Schuld? Werde ich für einen Fehler bestraft?"

„Warum? Weil es nun mal so ist", erwiderte der Tod. „Es hat keinen Grund. Du hast nichts falsch gemacht."

„Und warum erscheinst du mir dann?"

„Damit du dich vorbereiten kannst. Sofern du dich an diesen Traum erinnern wirst. Sofern du dich an ihn erinnern willst. Lebe ab jetzt so, als sei jeder Tag dein letzter."

Am nächsten Morgen wurde die junge Frau wach und er-
innerte sich an einen Traum, in dem der Tod mit ihr ge-
sprochen hatte. Aber so sehr sie sich auch anstrengte, sie
konnte sich nicht mehr an den Inhalt des Gespräches erinnern.

Das einzige, woran sie sich erinnern konnte, war ein Rat,
den der Tod ihr gegeben hatte: So zu leben, als sei jeder
neue Tag der letzte. Die junge Frau empfand dies als einen
sehr guten Ratschlag und bemühte sich täglich aufs neue,
keine Stunde ihrer Lebenszeit mit sinnlosen Beschäftigun-
gen, vergeblicher Liebesmüh oder dummen Streitigkeiten
zu vergeuden und ihre Tage mit dem zu füllen, was ihr
wirklich am Herzen lag und was ihre Seele liebte.

Ihr war ein langes und erfülltes Leben beschieden.

Auf ihrem Grabstein stand geschrieben, daß kaum jemand das Leben so sehr geliebt hatte wie sie – und daß sie
womöglich deshalb über hundert Jahre alt geworden war.

TRINKE JETZT

Trinke aus der Quelle,
solange sie sprudelt.

Verschiebe es nicht auf später,
denn du könntest dich verirren
und sie nicht wiederfinden –
oder sie könnte versiegt sein,
wenn du zu spät kommst.

ERINNERUNG

In diesem Moment
kannst du
die Wahrheit erkennen,
das Leben spüren,
den Sinn berühren –
nur in diesem Moment!

Also verlasse ihn niemals.

BLEIB IMMER IM AUGENBLICK

Deine Vergangenheit besteht aus guten, neutralen und schlechten Erinnerungen, deine Zukunft aus Wünschen, Hoffnungen und Ängsten.

Deine Gegenwart besteht aus reinem, unverfälschtem Leben, wenn du ihr ohne Erinnerungen, Vorstellungen, Wünsche und Ängste begegnest – wenn du dich ihr mit Leib und Seele anvertraust.

Diese Art von Gegenwärtigkeit ist der einzige Weg zum echten Leben, zu dir selbst, zu den anderen.

Bleibe immer mit deinem ganzen Wesen im Augenblick, nimm ihn mit allen deinen Sinnen wahr und fülle ihn mit lebendigem Sinn.

DIESER AUGENBLICK

Dieser Augenblick,
nicht der vergangene
oder der kommende,
der jetzige Augenblick
ist die einzige Tür
ins wahre Leben.

Öffne sie augenblicklich –
oder du öffnest sie nie.

SCHACH UND LEBEN

Ein Arzt und ein Lehrer hatten einige Gemeinsamkeiten. Sie waren Nachbarn, Freunde, mochten kein hohles Gerede, lasen gern gute Romane und spielten jeden Mittwochabend Schach.

„Spielen wir eigentlich miteinander oder gegeneinander?" fragte der Arzt unvermittelt während einer Partie.

„Beides. Wir spielen miteinander, um gegeneinander spielen zu können", antwortete der Lehrer.

„Ja, so ist es wohl. Neulich habe ich irgendwo gelesen, das Schachspiel sei wie das Leben", sagte der Arzt und machte einen schlechten Zug.

„Inwiefern?" fragte der Lehrer und bewegte einen Springer.

„Nun ja, man versucht, besser als der andere zu taktieren, um zu gewinnen. So ist es im Leben doch auch", erklärte der Arzt und machte erneut einen schlechten Zug.

„Wenn Schach wie das Leben ist: Wer ist dann der Gegner?" wollte der Lehrer wissen.

„Jeder Mensch, der gegen uns arbeitet", antwortete sein Freund. „Jeder Vorgang, der uns Schaden bringt oder für Ärger sorgt. Sogar das Schicksal, wenn es uns Steine in den Weg legt oder Schläge versetzt. Doch unser größter und gefährlichster Gegner sind wir selbst."

„Damit hast du völlig recht", sagte der Lehrer nach einer Weile und bewegte seine Dame. „Weil du philosophiert hast, anstatt dich auf das Spiel zu konzentrieren, werde ich dich in drei Zügen schachmatt setzen. Aber im Grunde hast du dich selbst geschlagen."

Im Schweigen der Gedanken

Komm näher zu dir, komm näher an die Gegenwart!
Wo sonst kannst du dir begegnen, als in diesem Augenblick, bevor er vergeht?

Denke nicht an gestern oder morgen. Gedanken sind ständig mit der Vergangenheit und Zukunft beschäftigt. Nur im Schweigen der Gedanken kannst du die Gegenwart in ihrem ganzen Reichtum erleben.

Wenn du ganz im Augenblick aufgehst, wirst du feststellen, daß deine Gedanken sprachlos sind.

DER NEUE TAG

Gehe möglichst ohne Sorgen
und offen in den neuen Tag,
begrüße ihn ohne Vorurteile
und sei immer darauf gefaßt,
daß etwas Unfaßbares geschieht.

NUR DAS BESTE

Laß heute kein Problem,
keine Sorge in dich hinein,
genieße jeden Augenblick,
laß dich beschenken
und verwöhnen –
und feiere dich selbst,
gönne dir Glück.

Laß heute nur das Beste
gut genug für dich sein.

NUR SO

Blicke nicht sehnsuchtsvoll
in die Vergangenheit zurück,
wenn die Gegenwart dich bedrückt.
Die Vergangenheit ist tot,
und nichts kann sie wiederbeleben.

Stelle dich der Gegenwart
und blicke in die Zukunft –
nur so ist Leben möglich.

In den Tiefen des Augenblicks

Ein Suchender fragte den Meister: „Wo finde ich das wahre Leben?"

„In den Tiefen des Augenblicks", war die Antwort. „Jeder Augenblick, selbst der düsterste, hat eine Geheimtür, die ans Licht führt. Du findest sie nur, wenn du an sie glaubst. Du öffnest sie nur, wenn du an dich glaubst. Du gehst nur durch sie hindurch, wenn du an das Leben glaubst. Umarme die Gegenwart! Geh ins Herz des Augenblicks! Und das Morgen wird zum Heute, das Irgendwo und Irgendwann zum Hier und Jetzt, das Wissen zur Weisheit."

Jeder TAG
ist ein kleines
LEBEN

Elisa freute sich auf das Interview mit Frederick Hauser. Sie hatte einige Mails, ein Telephonat und ihren ganzen Charme gebraucht, um den medienscheuen Schriftsteller zu einem Gespräch mit ihr zu bewegen. Seit sein Buch über das Glück in den Bestsellerlisten rangierte, war Hauser ein gefragter Mann, dessen Interviews Seltenheitswert besaßen.

Elisa ließ ihren Blick über die Gäste im Café wandern und blickte auf die Uhr. Schon zehn nach drei. Und wenn er nicht kam? So etwas war ihr vor einigen Monaten mit einer jungen Schauspielerin passiert, die einfach nicht zu dem verabredeten Zeitpunkt erschienen war.

Nein, das würde ihr mit Frederick Hauser nicht passieren. Dieser Mann war verläßlich, das hatte sie beim Telephonat mit ihm intuitiv erkannt. Ganz im Gegensatz zu dem Phänomen Glück, über das er dieses wunderbare Buch geschrieben hatte.

„Elisa Martens?"

Sie drehte sich um, und da stand er schon neben ihr am Tisch, in Jeans und sandfarbenem Pullover, mit einem Dreitagebart und einem freundlichen Gesicht. Sie begrüßte ihn mit einem Lächeln und einem Händedruck.

Sie sah ihm auf den ersten Blick an, daß er zur Heiterkeit neigte, obwohl auch etwas Melancholisches an ihm war.

Sie sah ihm nicht an, daß er auf die Fünfzig zuging, da er kaum Falten im Gesicht hatte und seine Haare für einen Mann seines Alters recht voll und noch nicht angegraut waren. Seine Augen, in denen sich die Tiefe eines Philosophen und die Ruhe eines mit sich im Einklang lebenden Menschen zu einer reizvollen Mischung vereinten, wirkten alterslos.

„Ich freue mich, daß Sie gekommen sind."

„Ich habe es Ihnen versprochen", sagte der Autor und setzte sich zu der Journalistin an den Tisch. „Warum war es Ihnen so wichtig, mit mir zu reden?"

„Weil Ihr Buch mich inspiriert und beeindruckt hat."

„Darf ich fragen, inwiefern?"

„Es hat mich motiviert, über mein eigenes Verständnis von Glück nachzudenken. Und dieses Nachdenken hat etwas zum Positiven in mir verändert. Ich glaube, daß ich die kleinen Glücksmomente, an denen ich früher öfter vorbeigegangen bin, jetzt nicht mehr so leicht übersehe, weil Ihr Buch meinen Blick dafür sensibilisiert hat. Beeindruckt hat mich auch, daß ich keine einzige überflüssige Seite darin entdeckt habe."

„In der ersten Version war das Manuskript doppelt so lang, wie es am Ende geworden ist", bekannte der Autor. „Ich habe es komprimiert – nach dem Prinzip *Weniger ist mehr.*"

„Ein Prinzip", nahm die junge Journalistin sein Wort auf, „das für uns moderne Glückssucher offenbar nicht gilt.

Glück kann uns nie genug sein. Wer glücklich ist, will noch glücklicher werden."

„Es liegt in der menschlichen Natur, daß wir bei allem, das uns begehrenswert erscheint, nach Überfluß streben. Das richtige Maß zu finden, ist nicht gerade eine unserer Stärken", stellte der Autor fest.

„Ist es denn nötig, beim Erleben des Glücks Maß zu halten? Sollte man ihm nicht allen Saft auspressen, der in ihm steckt?"

„Sicherlich! Aber wenn dann kein Saft mehr kommt, sollte man auch aufhören zu pressen", war die Antwort. „Jedes Glück, das kleine wie das große, hat seine Zeit. Und in dieser Zeit, seien es Minuten, Stunden oder Tage, sollten wir es genießen, ohne an sein sicheres Ende zu denken. Und wenn sein Ende gekommen ist, sollten wir dankbar sein, daß wir es erleben durften, anstatt traurig darüber, daß es vorbei ist. Jedes Glück muß enden. Je gelassener wir mit dieser Tatsache umgehen, desto leichter fällt uns das Loslassen."

Elisa nickte zustimmend. „Doch bevor wir es loslassen, muß es erst einmal zu uns kommen. Gibt es eine persönliche Eigenschaft, die das Glück anzieht?"

„Ja. Manche Menschen haben eine solche Eigenschaft, die ich Glücksfähigkeit nenne. Sie sind Naturtalente. Sie empfinden Glück beim Betrachten eines schönen Sonnenuntergangs, einer wilden Brandung, eines blühenden Baumes. Andere empfinden wenig dabei. Das Glück und der

Mensch, der es findet und empfindet, sind eine untrennbare Einheit. Glück kommt zu dem Menschen, dessen Sinne, dessen Herz, dessen Seele empfänglich dafür sind."

Eine freundliche Kellnerin begrüßte sie und fragte nach ihren Wünschen. Der Schriftsteller bestellte ein Kännchen grünen Tee, die Journalistin entschied sich für Latte Macchiato.

„Wie erklären Sie sich eigentlich den Erfolg Ihres Buches? Es gibt so viele Bücher über das Glück. Warum kaufen die Menschen derzeit so gern Ihres?"

Der Autor zuckte mit den Schultern. „Keine Ahnung. Ich hoffe, daß sie es nicht nur kaufen, sondern auch lesen."

„Was ist denn Glück, Herr Hauser?"

„Glück ist zum Beispiel, wenn Sie mich Frederick nennen. Ich bin kein Freund förmlicher Anreden. Dieses Glück wäre noch größer, wenn ich Sie Elisa nennen darf. Als konzertierte Aktion gegen die manchmal etwas unglücklich wirkende verbale Distanziertheit."

Elisa lachte. „Gern! Sie sind ja leicht glücklich zu machen."

„Je leichter jemand glücklich zu machen ist, desto weiser ist er. Denn möglichst oft glücklich zu sein, ist ein Zeichen von Weisheit. Finden Sie nicht?"

„Doch", sagte Elisa, „da stimme ich Ihnen zu."

„Wollen Sie eigentlich nicht mitschreiben?"

„Nein, das tue ich nie bei einem Interview. Ich höre so intensiv wie möglich zu und kann mich hinterher sehr gut an alles erinnern, was gesagt wurde. Bekomme ich noch eine ernstere Antwort auf meine Frage, was Glück ist?"

„Es gibt unterschiedliche Arten, Dimensionen und Verständnisse des Glücks, und demzufolge keine allgemeingültige Definition. Was den einen glücklicht macht, ängstigt den anderen oder macht ihn sogar unglücklich. Für den einen bedeutet Muße Glück, für den anderen bedeutet sie Langeweile, um nur ein Beispiel zu nennen. Glück ist eine sehr individuelle Angelegenheit, wie der Geschmack. Was Glück für Sie bedeutet, bestimmen Sie allein."

„Manche Neurowissenschaftler behaupten, Glück sei eine Folge körperchemischer Prozesse. Es entstehe, wenn Glückshormone im Gehirn ausgeschüttet werden, endogene Morphine."

„Ja, die berühmten körpereigenen Opiate", sagte Frederick. „Sie führen definitiv zu Glücksgefühlen. Aber was bringt den Körper dazu, sie im Gehirn auszuschütten?"

„Liebe, Verliebtheit, Zärtlichkeit, Erotik", antwortete Elisa. „Freundschaft, Musikhören, Tanzen, Lachen, Sport. Angeblich auch Chili und dunkle Schokolade."

„Sie haben die Liebe in dieser Aufzählung zuerst genannt."

„Sie ist mir zuerst eingefallen."

„Ist sie Ihnen vielleicht zuerst eingefallen, weil sie Ihnen am wichtigsten erscheint?"

„Mag sein", erwog die Journalistin. „Sie sagen also, daß Glück für jeden Menschen etwas anderes bedeutet. Gibt es denn nicht einen gemeinsamen Nenner? Etwas, zu dem alle Menschen sagen würden: Ja, das ist definitiv Glück!"

„Ich glaube, daß es einen solchen Nenner nicht gibt. Denn man muß bedenken, daß die Vielfalt dessen, was als Glück empfunden werden kann, so groß und unterschiedlich ist wie die Vielfalt der Menschen auf diesem Planeten."

Die Kellnerin brachte ihnen die bestellten Getränke.

„Darf ich Ihnen eine persönliche Frage stellen?" nahm die Journalistin den Gesprächsfaden wieder auf.

„Die da lautet?"

„Woran haben Sie das Glück erkannt, wenn es Ihnen begegnete?"

„Eigentlich immer an meiner ungläubigen Freude darüber, es zu erleben. An meiner Dankbarkeit dafür, daß es mir geschenkt wurde. An dem Gefühl, den Sinn meines Lebens nicht nur zu erkennen, sondern ihn zu spüren, mit großer Sicherheit."

„Ist Glück denn die Abwesenheit von Zweifeln?"

Frederick nickte. „Ja, so könnte man es durchaus definieren."

„Wie könnte man es noch definieren?"

„Als etwas, das man so lange wie möglich genießen will. Im Sinn von Goethes Bitte an den Augenblick: *Verweile doch! Du bist so schön.*"

„Das Glück ist also etwas, von dem wir uns nicht trennen wollen?"

„Ja. Und trotzdem dürfen wir uns nicht daran klammern! Denn in unserem Klammergriff kann das Glück nicht mehr atmen und erstickt in den Armen, die es festhalten wollen. Ich betrachte das Glück gern als einen Schmetterling. Er setzt sich zu mir ins Gras, zeigt mir seine Farbenpracht, läßt sich von mir bewundern. Darüber vergesse ich die Welt, den Alltag, mich selbst. Diese Selbstvergessenheit macht mich glücklich. Ich weiß natürlich, daß der Schmetterling früher oder später weiterfliegen wird. Doch auch dieses Wissen vergesse ich im Genuß der Schönheit. Glück ist das Vergessen all dessen, was dieses Glück schmälern, sabotieren oder zerstören könnte. Wenn ich ständig daran denke, daß der Schmetterling jeden Augenblick davonfliegen kann, wird meine Angst davor mein Glück beeinträchtigen oder gar vernichten. Angst und Glück sind wie Feuer und Wasser. Deshalb lasse ich keine Angst zu und vergesse das unvermeidliche Ende. Dem Glücklichen schlägt keine Stunde. Glück ist ein Ausbruch aus dem Gefängnis der Zeit."

Elisa ließ die poetischen Worte des Literaten auf sich wirken, während er und sie die servierten Getränke kosteten. Ihre Beobachtung, daß der Autor seinen Tee mit sichtlichem Genuß trank, reizte die Journalisten zu der Frage: „Sind Sie ein Genießer, Frederick?"

„Meine Großmutter nannte mich öfter so, als ich noch ein

Kind war. Wenn sie mir die Haare wusch und das Shampoo in die Kopfhaut einmassierte, schloß ich immer die Augen. Nicht nur, damit kein Shampoo in sie hineinfloß, sondern weil ich die Massage sehr genoß, was meiner Großmutter nicht verborgen blieb. Ja, ich bin ein Genießer. Das war sicherlich hilfreich bei meinen Begegnungen mit dem Glück. Wer es versteht, Angenehmes und Wohltuendes zu genießen, wird Angenehmes und Wohltuendes erleben, denn Glück fühlt sich zu denen hingezogen, die es erkennen und zu würdigen wissen. Glück liebt den Menschen, der das Glück liebt."

„Können Sie mir noch andere Definitionen des Glücks geben?"

„Gern. Mir gefällt besonders die von Aristoteles: *Das Glück gehört denen, die sich selbst genügen.* Oder eine in die gleiche Richtung gehende von La Rochefoucauld: *Das Glück liegt in uns, nicht in den Dingen.* Diese Erklärungen gefallen mir deshalb so gut, weil das Glück, das wir außerhalb von uns suchen, in vieler Hinsicht unsicherer und fragwürdiger ist als das Glück, das wir in und an uns selbst finden können. Wir haben nur das, was wir sind. Und was wir sind, kann eine tägliche Quelle des Glücks für uns sein."

„Haben Sie einen guten Rat für die vielen Glückssucher unter uns?"

„Dostojewski hat uns schon vor langer Zeit einen sehr guten Rat gegeben, der immer aktuell bleiben wird: *Das Glück liegt in der heiteren Auffassung des Lebens.* In diesen

Worten steckt sehr viel Wahrheit. Mit einer allzu ernsten Betrachtung des Lebens ist es schwer oder sogar unmöglich, dem Glück zu begegnen."

„Was wäre die beste Beschreibung des Glücks – mit wenigen Worten?"

„Es gibt bestimmt Dutzende von besten Beschreibungen, doch keine kann die Pracht des Glücks widerspiegeln. Sie ist unbeschreiblich. Wahres, tiefes Glück läßt sich sprachlich nicht vermitteln. Man bemüht sich darum, doch schließlich merkt man, daß es keine Worte gibt, die ihm gerecht werden können. Also schweigt man und versucht, es durch einen Blick, eine Geste, eine Berührung zu zeigen – mit der Sprache des Schweigens."

„Ist das Schweigen die Sprache des Glücks?"

Der Autor lächelte. „Ja, Elisa. Wer zutiefst glücklich ist, der redet nicht – schon gar nicht über sein Glück. Er genießt es."

„Glück ist also unbeschreiblich. Kann man zumindest das Empfinden des Glücks beschreiben oder andeuten?"

„Es ist ein Empfinden dankbarer, sprachloser Erfüllung und Wunschlosigkeit. Es ist etwas sehr Wertvolles. Wir sollten richtig damit umgehen."

„Wie würden wir falsch damit umgehen?"

„Ein Bettler findet eine Silbermünze auf seinem Weg. Er ist glücklich darüber und genießt sein Glücksgefühl. Er geht richtig damit um. Ginge er falsch damit um, würde er sein Glück schnell verlieren."

„Wodurch?"

„Zum Beispiel durch die Enttäuschung oder den Ärger darüber, daß er nicht eine Goldmünze gefunden hat. Man kann sich jedes Glück zerstören, indem man ihm vorwirft, daß es nicht größer ausgefallen ist. Dieser Vorwurf ist Gift für jedes Glück. Es stirbt schnell durch den Schlangenbiß der Undankbarkeit."

„Obwohl wir es am liebsten für immer festhalten würden, dürfen wir uns nicht an das Glück klammern", resümierte Elisa. „Wir können seine Pracht nicht sprachlich vermitteln. Und wir dürfen ihm gegenüber nicht undankbar sein und nicht mehr von ihm verlangen, als es uns schenkt."

„Ja. Denn damit schädigen wir uns selbst. Wenn das Glück uns verlassen will, müssen wir es gehen lassen – und unsere Traurigkeit darüber, daß wir es verlieren, mit unserer Dankbarkeit entkräften, daß es bei uns gewesen ist. Reisende soll man nicht aufhalten. Das Glück ist immer unterwegs. Wir können es durch eine offene Haltung in unser Leben einladen, wissen aber nicht, ob es auch kommt. Und wenn es kommt, wissen wir nicht, wie lange es bleibt. Das ist keine leichte Situation, denn wir lieben die Sicherheit, die wir aber gerade vom Glück nicht erwarten dürfen. Im Umgang mit dem Glück empfiehlt sich deshalb eine bestimmte Lebenshaltung, die auch sonst große Vorteile bietet."

„Und die da wäre?"

„Heitere Gelassenheit, die aus der Erkenntnis resultiert, daß es im Leben keine völlige Sicherheit gibt. Und daß wir diese existentielle Unsicherheit am besten mit Heiterkeit und Gelassenheit meistern, die uns ermöglichen, das Glück, das uns auf bestimmten Strecken unseres Lebenswegs begleitet, ohne Verlustangst zu genießen."

„Sie sagten, das Empfinden des Glücks sei eine ganz individuelle Sache. Gibt es wirklich keinen einzigen Aspekt des Glücks, der für alle Menschen gilt?" brach Elisa das Schweigen, das nach den Worten des Autors entstanden war.

„Ja, einen Aspekt gibt es. Alle weisen Menschen haben zu allen Zeiten und in allen Kulturen immer aufs neue betont, daß Glück einzig und allein in der Gegenwart zu finden ist. Im Hier und Jetzt, nicht im Gestern und Morgen. Es geschieht in diesem Augenblick, auf dem schmalen Grat zwischen Vergangenheit und Zukunft. Und wenn wir es hier und jetzt nicht wahrnehmen und in uns aufnehmen, fliegt es an uns vorbei wie ein Kolibri an einer Blüte, die ihre Blütenblätter verschlossen hält. Deshalb sollten wir möglichst geistes- und herzensgegenwärtig leben und unsere Sinne so oft wie möglich auf die unmittelbare Gegenwart richten. Denn nur in ihr ist Glück möglich – das aber nur zu uns kommt, wenn wir dafür offen sind."

„Aber wer offen lebt, macht sich verletzlich."

„Dieses Risiko müssen wir eingehen. Denn wir brauchen das Glück, es ist das wirksamste Stärkungsmittel der Seele. Wir müssen uns jeden Tag aufs neue für das Glück öffnen, denn jeder Tag ist ein kleines Leben. Wir sollten uns immer aufs neue daran erinnern, daß die Zeit des Glücks das Jetzt ist, die unmittelbare Gegenwart. Allein in ihr finden wir das Glück. Manchmal findet man es, aber merkt es nicht, obwohl es direkt vor einem ist."

„Und woran merkt man, daß man es gefunden hat?"

Frederick lächelte. „Man merkt es einfach! Glück ist ein so klares und starkes Gefühl, daß man es jenseits aller Zweifel spürt. Wenn dieses Empfinden nicht klar und stark ist, sind Zweifel angebracht, ob es sich um wahres Glück handelt."

Elisa beendete das Schweigen: „Ich habe das Gefühl, daß ich einen guten Artikel über unser Gespräch schreiben werde. Danke, daß Sie es mit mir geführt haben ... Eine Frage hätte ich noch."

„Ich bin ganz Ohr."

„Sie geben nur selten Interviews. Warum haben Sie sich zu diesem entschlossen?"

„Ihre Mails waren mir sympathisch. Unser Telephonat bestätigte diesen Eindruck. Und den Ausschlag gab der Klang Ihrer Stimme. Ich habe selten einen so angenehmen Stimmenklang gehört. Er ist sehr melodisch. Entspannend und zugleich anregend. Wenn es ein Hörbuch mit Ihnen als Sprecherin gäbe, würde ich es kaufen, selbst wenn Sie das Telephonbuch rezitieren."

„Der Klang meiner Stimme gab den Ausschlag?" fragte Elisa ungläubig.

„Ja. Er ist einfach schön. Hat Ihnen das noch niemand gesagt?"

„Nein, zumindest nicht so deutlich … Danke für das Kompliment!"

„Das war kein Kompliment, sondern die Wahrheit."

In dem Schweigen, das nach diesen Worten einsetzte, merkte Elisa, daß es angenehm still im Café war, obwohl es mehr als zwanzig Gäste hatte. Sie alle unterhielten sich leise, was ungewöhnlich war.

Im Laufe des Gesprächs mit Frederick Hauser war ihr bewußt geworden, daß der Autor nicht nur Besonderes zu sagen, sondern auch zu geben hatte: eine entspannte Präsenz, eine wohltuende Ausstrahlung.

Während er sich Tee nachgoß, spürte Elisa, daß sich die Atmosphäre zwischen ihm und ihr verändert hatte. Ein Zugewinn an Vertrauen, an Nähe hatte stattgefunden, zumindest für sie. Und zu wissen, daß der Schriftsteller den Klang ihrer Stimme so sehr mochte, daß er sich letztlich deswegen auf das Interview eingelassen hatte, gab ihr eine unverhoffte Leichtigkeit, eine inspirierende Freude.

Es war ganz ruhig in ihrem Bewußtsein geworden. Kein Gedanke störte diese unverhoffte Stille, die sich sehr gut anfühlte. Es war eine wohltuende, erfüllende Stille.

Ohne daß sie sich dessen bewußt war, begann sie zu lächeln.

Er sah ihr in die Augen, und auch auf sein Gesicht legte sich ein Lächeln.

Als würde er spüren, was sie empfand.

KOSTE DEIN
GLÜCK AUS

KOSTE DEIN GLÜCK AUS

Betrachte deine Probleme und Sorgen,
deine Fehler und Versäumnisse
im Bewußtsein ihrer Vergänglichkeit,
womit du ihnen viel
von ihrer Macht über dich nimmst.
Koste dein Glück
und deine Freude ganz aus,
gerade weil du dir
ihrer Vergänglichkeit bewußt bist.

GENIESSE ALLES GUTE UND SCHÖNE

Oft kommt es nicht so sehr darauf an, was du erlebst, sondern wie du es erlebst. Manchmal versteckt sich das Große im Kleinen, das Wunderbare im Alltäglichen, das Reizvolle im scheinbar Unscheinbaren.
Du mußt es nur entdecken.
Wie etwa die wunderschöne Rose im Vorgarten, die darauf wartet, daß du sie wahrnimmst und entzückt betrachtest, daß du ihren Duft einatmest, mit deiner Nase in sie eintauchst und dich über ihre zarte Weichheit freust.
Schon nächste Woche wird sie nicht mehr so wunderbar duften. Und übernächste Woche wird sie verwelkt sein.
Genieße und liebe alles Gute und Schöne, so lange es lebt.
Und sei aufmerksam auf allen deinen Wegen durch den Tag, damit du es auch bemerkst.

GENUSS DES AUGENBLICKS

Eine der besten Antworten
auf die großen Fragen des Lebens
ist der Genuß des Augenblicks.

UNTERWEGS ZU SICH SELBST

Unterwegs
zu sich selbst
ist man ein Leben lang
jeden Tag aufs neue.

Und in den
Momenten wunschlosen Glücks
ist man bei sich angekommen.

GEDANKENFREIER GENUSS

Ein großes Glücksgefühl
füllt uns so sehr aus,
daß wir nichts anderes wollen,
als es dankbar zu genießen.
Dem wirklich Glücklichen schlägt
nicht nur keine Stunde,
ihm kommt auch kein Gedanke,
nicht einmal der Gedanke,
daß er glücklich ist.

Großes Glück ist reiner,
gedankenfreier Genuß
zeitloser Augenblicke.

WENN WORTE ÜBERFLÜSSIG WERDEN

Wenn Worte überflüssig werden,
weil der Augenblick
bis an den Rand
mit Sinn gefüllt ist,

beginnt das Leben
unwiderstehlich
von sich zu erzählen
und führt uns
mitten hinein in
faszinierende Geschichten –

wenn wir nur lauschen.

HINGABE

Sich der schönen Situation
ohne Zögern hingeben.

Aus dieser Hingabe
entsteht Intensität,
erwächst Magie,
die uns auf eine Ebene trägt,
wo in jedem Augenblick
das Glück berührbar ist.

ZEIGE ES

Wenn du das Glück
in deinem Leben
halten willst,
zeige ihm jeden Tag,
wie sehr du es liebst.

PRINZIP

Man sollte sich
prinzipiell nichts
zum Prinzip machen,
denn das Leben
erfordert die Fähigkeit,
spontan zu handeln,
aus dem Augenblick heraus.

DIE GESCHENKE DES SCHICKSALS

Lebe so, daß du dir, wenn du einmal auf dein Leben zurückblickst, nie eingestehen mußt, daß es an dir vorbeigegangen ist – oder du an ihm.
Nutze die günstige Gelegenheit. Erkenne die Geschenke des Schicksals und nimm sie dankbar an.
Und überhöre nie das leise Klopfen des Glücks an der Tür deiner Seele.

LASS DICH TRAGEN VON

Freude und Heiterkeit

LASS DICH TRAGEN VON
FREUDE UND HEITERKEIT

Nimm heute
nur vom Feinsten
und gib nur das,
was sich von selbst ergibt –
und tu nur das,
was du magst und liebst.

Vergiß die Zukunft,
denk nicht
an die Vergangenheit –
leb heute außerhalb der Zeit
und laß dich tragen
von Freude und Heiterkeit.

FINDE MAGIE IN DER MUSIK

Magie erhöht die Lebensleichtigkeit, steigert die Lebensfreude.

Magie ist täglich zu finden: in der Schönheit eines Baumes, im Treiben der Wolken am Himmel, in der Stille einer Landschaft, in der Beseeltheit eines Gesichtes, in der Blume am Wegesrand, in deiner eigenen Seele.

Immer verfügbar ist Magie in der Musik. Wenn du dich gelangweilt, ernüchtert, innerlich leblos, von Sachzwängen überfordert fühlst, tanze kurzentschlossen aus der Reihe und vertraue dich der Musik an!

Sie führt dich spielerisch in die Mitte deines Herzens, wo du die Lebensfreude finden kannst, die der Alltag gern vor dir versteckt hält. Sie entspannt deinen Geist, nährt dein Herz und beflügelt deine Seele.

Gib dich dem Zauber der Klänge hin – und werde eins mit seiner Schönheit, seiner Harmonie, seiner befreienden Kraft!

FREUDE

Freude ist
ein sonniges Lächeln,
das plötzlich entsteht
in der Nähe eines Menschen –
und man hält
mitten im Satz inne,
weil die Worte nur
den Sinn hatten,
dieses Lächeln
hervorzulocken.

URLAUB MACHEN

Laß uns heute
ans Meer der Seele fahren
und dort am Strand
im Sonnenschein der Phantasie liegen.
Laß uns Urlaub machen,
den ganzen Tag lang,
laß unsre Welt vor Freude strahlen.

Kommst du mit, nur du und ich?
Mein Herz ist voller Geschenke für dich.

MACHE DIR UND ANDEREN FREUDE

Du bist reich, wenn du an dir selbst genug hast. Wenn du Dinge am Rand deines Lebenswegs wahrnimmst, die dich zum Lächeln bringen.

Du bist reich, wenn du nicht neidisch auf andere bist, die dir etwas voraus zu haben scheinen. Wenn du nicht ständig auf deinen Vorteil bedacht bist. Wenn du Freundlichkeit verschenkst, ohne etwas dafür zu erwarten. Wenn es dir Freude macht, anderen Freude zu machen.

Du bist reich, wenn du dich über Kleinigkeiten freuen kannst. Über das Lächeln, das dir jemand spontan auf der Straße schenkt. Über den Schmetterling, der sich zwei Schritte neben dir ins Gras setzt. Über das Kind, das dir scheinbar grundlos zuwinkt. Über die Katze, die dir über den Weg läuft und sich von dir streicheln läßt. Kleine Freuden, die einer großen Freude wertvolle Nahrung geben – der Lebensfreude.

Laß keine Gelegenheit aus, dir und anderen eine Freude zu machen.

DER REICHTUM DES AUGENBLICKS

Ein großes Geheimnis der Lebenskunst besteht darin, den ganzen Reichtum eines schönen Augenblicks zu erkennen und ihn tief in sich aufzunehmen.
Dies ist die Nahrung der Seele, die den Hunger der Sehnsucht stillt: der ganz erkannte, ganz gelebte und geliebte Augenblick, der das Herz erfüllt, den Körper entspannt und die Seele beglückt.

DENKZETTEL

Denke in
schönen Stunden
nie an ihre
Vergänglichkeit,
dazu sind
die schlechten da.

Lebe das Lebenswerte

Sei dir immer der Kostbarkeit
deiner Lebenszeit bewußt
und vertue sie nicht
mit leeren Gesprächen,
sinnlosen Anstrengungen
und fruchtlosen Beziehungen.

Lebe das Lebenswerte,
das dich inspiriert
und dir Glück schenkt.
Gehe dir auf den Grund,
erkenne dein wahres Wesen –
und lebe wesentlich.

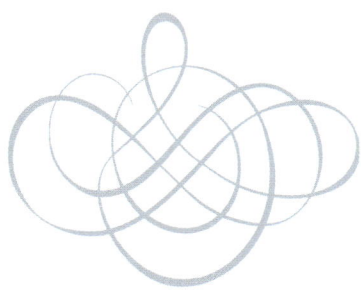

DAS LICHT

Das Licht
des Wunderbaren
im Alltäglichen
entdeckt man nur
mit offenem Herzen
für jeden neuen Augenblick.

FARBGEBUNG

Alles ist bunt,
wenn ich fröhlich bin.
Alles ist grau,
wenn ich traurig bin.

Ich bestimme
die Farben
meiner Umgebung.

DIE GLEICHEN DINGE

Ein älterer Mann kam zu einem Meister der Weisheit und gestand ihm: „Jahrzehntelang habe ich täglich hart gearbeitet, um Wohlstand zu erlangen. Nun kann ich mir kaufen, was ich will, und kann doch diese Freiheit nicht genießen. Wahrscheinlich habe ich über all der Arbeit meine Empfindungsfähigkeit verloren. Das macht mich unglücklich, denn ich bin alt geworden."

„Das ist traurig", sagte der Meister.

„Ja, das ist es", stimmte der Reiche zu. „Kannst du mir helfen?"

Der Meister schüttelte den Kopf. „Du kannst dir nur selbst helfen. Und du bist schon den ersten Schritt der Selbsthilfe gegangen, als du den Grund deines Unglücks erkanntest. Nun gehe den zweiten und versuche, deine Empfindungsfähigkeit zurückzugewinnen."

„Und wie kann ich das?" fragte der Besucher.

„Indem du nur noch das tust, was dich erfreut, entzückt und beglückt."

„Aber ich spüre nichts mehr. Und deshalb erfreut, entzückt und beglückt mich auch nichts mehr."

Der Meister schwieg eine Weile. Dann sagte er: „Gehe zurück in deine Vergangenheit, als dein Herz noch fühlen konnte. Als du noch ein Kind warst, das freudig dem Singen der Vögel lauschte und fasziniert den Tanz der Schmetterlinge beobachtete. Erinnere dich an die Dinge, die dich in deiner Kindheit glücklich gemacht haben. Es werden die gleichen Dinge sein, die dich in deinem Alter glücklich machen können!"

Das
GLÜCK
KENNT KEIN
ALTER

Martins erster Blick fiel auf ihre welligen und langen roten Haare, sein zweiter auf die Sommersprossen in ihrem interessanten Gesicht. Erst sein dritter Blick offenbarte ihm, daß sie schöne blaue Augen hatte.

Er schätzte sie auf Anfang Vierzig. Ihr Alter war ihm ganz recht. Denn einer allzu jungen Frau hätte er sich nicht so leicht anvertrauen mögen. Und ob es wirklich leicht werden würde, war eine andere Frage.

Sie streckte ihm lächelnd ihre Hand entgegen und bat ihn, sich auf die weinrote Couch zu setzen, deren Bezug samtweich war. Sie trug eine legere sandfarbene Hose und eine weiße Bluse und setzte sich ihm gegenüber in den Sessel auf der anderen Seite des kleinen Couchtisches, auf dem eine Kerze und eine Paua-Muschel standen.

„Wie sind Sie auf mich gekommen?"

„Zufall", sagte er. „Ich habe nach einer Liste von Psychotherapeuten im Internet recherchiert, dann die Augen geschlossen und die Maus bewegt. Als ich sie wieder öffnete, war der Cursor auf Ihrem Namen."

„Wirklich?"

„Ja, so war es. Dann habe ich angerufen und um einen Termin gebeten."

„Warum nur einen?"

„Weil ich mir sagte, mehr als einen werde ich nicht brauchen. Wenn Sie mir in dieser Dreiviertelstunde nicht helfen können, werden Sie es nie können."

Sie zog überrascht ihre Augenbrauen hoch. „Wenn alle Patienten mit dieser Einstellung zu mir kämen, wären meine Chancen zu helfen ziemlich gering."

„Ich fühle mich nicht heilungsbedürftig oder krank. Aber ich habe ein Problem und kann einen guten Rat gebrauchen. Den Rat eines Menschen, der sich mit der Seele auskennt. Ich wollte eigentlich mit einem Freund darüber sprechen, aber dann konnte ich es irgendwie nicht."

„Darf ich fragen, warum?"

Martin zuckte mit den Schultern. „Keine Ahnung. Vielleicht war es mir peinlich. Vielleicht wollte ich ihm nicht das Gefühl geben, ihn als seelischen Mülleimer zu benutzen. Vielleicht wollte ich ihn einfach nicht so tief in meine Seele schauen lassen."

„Was ist denn Ihr Problem?" fragte die Therapeutin mit ihrer warmen Stimme.

„Ich habe, seit ich ein junger Mann war, für die romantische Liebe gelebt. Und da ich ein angenehmes Äußeres und einen gewissen Charme hatte, haben nicht wenige Frauen mich anziehend gefunden und sich in mich verliebt – einige sogar sehr intensiv. Wenn ich heute einer attraktiven Frau auf der Straße begegne, schaut sie mich nicht einmal an. Oder wenn, dann mit einem kurzen Blick, der deutlich sagt, daß ich kein besonderes Interesse in ihr erwecke. Mein Liebesleben ist vorbei, und das nicht erst seit gestern. Manchmal erscheint mir mein Leben sinnlos, weil ich das große und intensive Abenteuer der romantischen Liebe nicht mehr erleben kann. Ich bin schlichtweg zu alt dafür geworden."

„Die Chinesen haben ein Schriftzeichen für das Wort Krise. Es ist dasselbe Schriftzeichen, das sie für das Wort Chance haben."

Martin nickte. „Ja, das weiß ich. Aber ich stecke in keiner Krise, ich bin am Ende eines guten Weges. Und fühle mich hilflos. Deshalb bin ich hier. Können Sie mir helfen?"

Die Therapeutin hob ihre Hände zu einer Geste des Nichtwissens und sagte: „Ich kann es zumindest versuchen. Der Lebensprozeß stellt uns immer auf neue vor die Notwendigkeit, Liebgewonnenes aufgeben zu müssen, loslassen zu müssen, und nach Neuem Ausschau zu halten. Er ist eine lange Kette von Hellos und Goodbyes."

„An deren Ende ich nun stehe."

„Weil Sie es so sehen wollen."

„Weil es so ist."

„Es ist so, wie Sie es sehen wollen. Wenn Sie es partout nicht anders sehen wollen, können wir unser Gespräch hier beenden. Die Tatsache, daß Sie zu mir gekommen sind, deutet allerdings darauf hin, daß Sie Ihre Sichtweise als nicht so unantastbar betrachten, wie Sie sie darstellen."

„Wie sehen Sie meine Situation denn?"

„Als eine ganz natürliche Entwicklung. Es ist eine unserer Aufgaben, uns in unseren reiferen Jahren auf unsere wachsenden inneren Werte und Fähigkeiten zu konzentrieren. Dabei finden Sie womöglich heraus, daß es für Sie ein Leben nach dem romantischen Liebesleben gibt. Sie müssen ja nicht zu lieben aufhören. Sie sollten Ihr Glück nur nicht mehr allein bei Frauen suchen. Es gibt so vieles, das liebenswert ist, und das Ihre Liebe erwidert."

„Wollen Sie mir empfehlen, mir ein Haustier zuzulegen?"

„Wenn Sie ein Haustier brauchen, werden Sie das schon spüren. Ich will Ihnen empfehlen, Ihre Liebe dorthin zu richten, wo sie erwidert wird, oder wo sie ihre eigene Erwiderung, ihre eigene Belohnung ist. Wo die Saat Ihrer Liebe blühen kann, wenn Sie mir diese Metapher erlauben."

„Wollen Sie mir vielleicht raten, mir einen Garten zuzulegen und Blumen und Pflanzen zu säen? Vielleicht ein bißchen Gemüse?"

„Wenn Sie einen Garten brauchen, werden Sie das selbst spüren. Ich möchte Ihnen raten, über Ihre Vergangenheit nachzudenken, aus ihr zu lernen, sie dann aber auch als passé zu betrachten. Auch wenn Ihre Vergangenheit Sie zu dem gemacht hat, der Sie sind: Ihr Leben findet ausschließlich in der Gegenwart statt. Und je intensiver Sie die Gegenwart erleben, desto intensiver ist Ihr Dasein."

„Aber es war immer die Liebe oder die Hoffnung auf Liebe, die meine Gegenwart intensiv gemacht hat."

„Wenn etwas nicht mehr verfügbar ist, muß man es so gut wie möglich ersetzen."

„Die Liebe ist unersetzlich."

„Haben Sie denn immer nur die Liebe geliebt?"

„Eigentlich habe ich das Verliebtsein am meisten geliebt: die prickelnde Vorfreude auf die Freuden des Liebens. Wenn aus Verliebtheit Liebe wird, öffnet sich die Knospe – und die Blüte entfaltet sich. Und das ist Glück. Leider beginnt sie irgendwann zu welken. Und dieses Welken ist todtraurig."

„Warum verlieben Sie sich nicht in etwas anderes als in Frauen?" brach die Therapeutin das Schweigen.

„In was denn?"

„Zum Beispiel in Ihre Freiheit."

„Welche Freiheit?"

„Zum Beispiel in die Freiheit eines Mannes, der nie wieder die todtraurigen Gefühle einer verwelkenden Liebe erleben muß."

„Meine Freiheit habe ich doch schon! Der Reiz des Sichverliebens besteht aber darin, daß man nicht weiß, ob man den Menschen, dessen Herz man gewinnen will, auch tatsächlich für sich einnehmen kann. Es ist schwer, sich in etwas zu verlieben, dessen man sich sicher ist. Ich schätze meine Freiheit, das tue ich wirklich. Ich freue mich über all die Zeit, die mir jetzt zur Verfügung steht. Ich lese gern und höre gern Musik, und ich weine meiner Berufstätigkeit keine Träne nach. Aber ich kann mich nicht in diese Freiheit verlieben."

„Immerhin können Sie sie schätzen", stellte die Therapeutin fest. „Was genau fehlt Ihnen denn? Das Prickeln, die Jagd, die Ungewißheit des Erfolgs, das Abenteuer?"

„Ja, das Abenteuer! Das Abenteuer des Sichverliebens. Aber noch mehr die Erfüllung und das Glück der Zeit, in der Verliebtheit zu Liebe wird. Die magische Zeit des Aufbrechens der Knospe und des berauschenden Duftes der frischen Blüte. Das intensive Glück dieser Erlebnisse."

„Sie waren nie der Typ Mann, der eine Frau gesucht hat, mit der er durch die guten und die schlechten Zeiten gehen wollte, nicht wahr?"

„Nein, ich war so ziemlich das Gegenteil eines Heiratswilligen oder Familiengründers. Ich habe die Liebe immer um ihrer selbst willen geliebt."

„Um ihrer selbst – oder wegen des Glücks, der Erfüllung, die sie Ihnen schenkte?"

„Ja, wegen der Erfüllung, wenn sie glückte. Wenn die Verliebtheit auf Gegenseitigkeit beruhte, zu Liebe wurde und Glück in der Luft lag, die ich atmete."

„Aber in ihrem Liebesleben gab es bestimmt nicht nur Erfolge, sondern auch Niederlagen, Traurigkeit, bittere Enttäuschungen, Schmerz, Verletzungen – oder nicht?"

„Natürlich, das gehörte dazu, das Negative. Das war der Preis für das Positive."

„Und jetzt erleben Sie dieses Negative nicht mehr. Das ist doch positiv!"

„Ja, schon. Aber ich würde das Scheitern wieder in Kauf nehmen für die Möglichkeit des Gelingens."

Die Therapeutin nickte verständnisvoll. „Was hat Sie am allermeisten gereizt an Ihrem Spiel der Liebe?"

„Vor allem die Magie, dieser überwältigende Zauber, wenn Sehnsucht zu Erfüllung wurde. Dieser Eintritt in eine andere Welt, die Welt der Liebe, das Paradies auf Erden. Aus dem ich zwar stets wieder vertrieben wurde, aber immer auch die Hoffnung hatte, wieder dorthin zurückzufinden. Diese Hoffnung ist nun gestorben. Und sie wissen ja, die Hoffnung stirbt zuletzt."

Die Therapeutin spielte mit ihrem roten Haar und schien einen Moment geistesabwesend.

Komisch ist das schon, dachte Martin, sie ist nett und klug. Aber sie ist eine fremde Person, und ich schütte ihr mein Herz aus! Gegen Honorar. Was für eine verrückte Welt!

„Es ging Ihnen also nicht primär um Erotik, um Leidenschaft, um Sex."

„Nein, das gehörte nur dazu. Es war der Zauber, den ich suchte. Die Verwandlung des Alltäglichen ins Wunderbare."

„Ich fürchte, Sie müssen akzeptieren, daß sich unsere Lebenschancen mit wachsendem Lebensalter ändern – und daß man sich von einigen dieser Möglichkeiten verabschieden und sie loslassen muß."

Martin nickte widerwillig.

„Aber bedenken Sie: Jeder Abschied kann der Beginn einer neuen Begegnung sein. Begegnen Sie sich selbst neu! Verändern Sie Ihre Wahrnehmung! Das Leben ändert sich, und wir müssen uns mit ihm ändern. Stehen Sie nicht jeden Morgen mit dem Gedanken auf, daß die Magie endgültig vorbei ist. Sagen Sie sich, daß eine neue Phase Ihres Lebens begonnen hat, die auf eine andere Weise wertvoll ist. Das Glück kennt kein Alter. Werden Sie kein trübsinniger Nostalgiker! Schauen Sie nicht traurig in die Vergangenheit zurück! Sie existiert nicht mehr. Aber Sie existieren noch! Und Sie existieren nur in der Gegenwart. Es ist Ihre Aufgabe, diese Gegenwart mit neuem Sinn, neuem Leben und vielleicht mit neuer Liebe zu füllen."

Martin nickte erneut, diesmal weniger widerwillig.

„Das Lieben war immer der Sinn Ihres Lebens, und warum sollte es das nicht bleiben? Denn es gibt wohl keinen schöneren Lebenssinn. Sie müssen Ihre Liebesfähigkeit nur anders orientieren, anders fokussieren, sie auf Ziele richten, die Sie auch erreichen können. Gehen Sie unter Leute, zu Vernissagen, in Kunsthallen, zu Konzerten! Halten Sie sich für Überraschungen offen! Machen Sie dann und wann eine Reise! Wer weiß, was morgen ist. Eins kann ich Ihnen mit Sicherheit sagen: Ein Mann, der seiner guten Vergangenheit nachtrauert, hat wenig Chancen auf eine gute Zukunft. Lassen Sie sich auf die Gegenwart ein und gewinnen Sie Lebensfreude aus ihr und in ihr!"

„Ich möchte Ihnen danken", beendete Martin das längere Schweigen. „Für Ihre Aufmerksamkeit, Ihr Einfühlungsvermögen, für Ihre guten, klugen Anregungen. Ich glaube, Sie sind eine große Hilfe für Ihre Patienten. Mir jedenfalls haben Sie geholfen."

„Ich helfe gerne", erwiderte sie. „Ich erwarte gleich noch einen Patienten, dem ich leider nicht in einer Sitzung helfen kann. Er kommt schon seit einem Jahr einmal in der Woche zu mir."

Martin zog sein Portemonnaie aus der Tasche und entnahm ihm eine Visitenkarte, die er mit den Worten auf den Couchtisch legte: „Bitte schicken Sie mir die Rechnung."

Die Therapeutin blickte auf ihre Armbanduhr und sagte: „Ich stelle Ihnen nur eine halbe Sitzung in Rechnung."

„Nein, bitte berechnen Sie mir eine ganze Sitzung. Ich bestehe darauf!"

„Wenn Sie darauf bestehen ... Ich will mich nicht mit Ihnen anlegen." Sie lachten.

„Was fehlt ihm?"

„Wem?"

„Ihrem nächsten Patienten. Oder dürfen Sie nicht darüber reden?"

„Er ist durch ein dramatisches Ereignis traumatisiert und wird noch eine Zeitlang meine Hilfe brauchen. Sie brauchten nur einen Impuls. Sie können sich selbst helfen. Und ich bin sicher, das werden Sie! Sie sind nicht der Typ, der in einer Sackgasse vor einer Mauer stehen bleibt und auf ein Wunder hofft."

„Und was für ein Typ bin ich?"

„Sie suchen nach Wegen, über die Mauer zu gelangen. Und Sie werden diese Wege finden, da bin ich mir sicher. Sie haben noch etliche Jahre vor sich, mit Chancen, die Sie nutzen werden. Es mag wie eine Binsenweisheit klingen, aber die wichtigste Zeit ist immer die Zeit, in der wir gerade leben. Deshalb kommt es darauf an, sie so schön und sinnvoll wie möglich zu gestalten. Unsere Zeit hat oft nur den Wert, den wir ihr verleihen – wie so vieles im Leben. Machen Sie sich das immer aufs neue bewußt."

Martin erwiderte das ermutigende Lächeln der Therapeutin. Und plötzlich meinte er in ihren Augen das Funkeln zu sehen, das er in so manchen Augenpaaren erweckt hatte, als er noch jünger gewesen war.

Das Gefühl der Zeitlosigkeit, das er damals in solchen Situationen gehabt hatte, lag plötzlich in der Luft. Wie ein Duft, der auf geheimen Wegen aus der Vergangenheit in die Gegenwart geströmt war.

Er inhalierte ihn tief.

Nur in der
Bewegung

Nur in der Bewegung

Das Leben ist ein
ständiger Weg ins Unbekannte.
Wer zu lange
an einem Punkt verharrt,
läuft Gefahr zu erstarren.

Nur in der Bewegung,
so unangenehm oder schmerzhaft
sie manchmal auch ist,
bleibt das Leben lebendig.

Bleibe lebendig und offen

Ständige Bewegung ist das Wesen des Lebens. Die Erde dreht sich unentwegt um die Sonne und um ihre eigene Achse. Das Karussell der Jahreszeiten rotiert unermüdlich, der Flut folgt die Ebbe, dem Rausch die Ernüchterung. Nichts bleibt, wie es ist.

Und so ist es auch in deinem Leben. Wenn du versuchst, ihm Beständigkeit zu verleihen, kämpfst du gegen seine Natur und wirst immer aufs neue besiegt. Also folge dem Fluß des Seins und vertraue dich seinen Bewegungen an.

Nur so kannst du lebendig bleiben und offen für jede Veränderung und Inspiration, die das Schicksal für dich bereithält.

Jeder Tag kann dir eine schöne Überraschung bringen, die dein Leben verwandelt und erneuert.

VERTRAUE DEM LEBEN

Das Leben lebt von seiner ständigen Erneuerung. Wie die Schlange von Zeit zu Zeit ihre alte Haut abstreift, mußt du in bestimmten Lebensphasen aus deiner seelischen Haut heraus, um dich weiterentwickeln zu können.

Wenn du dann am Alten festhältst, läufst du Gefahr, daß du stagnierst und deine Vergangenheit in die Gegenwart trägst, anstatt deine Gegenwart in die Zukunft zu tragen. Sei immer bereit, das vertraute Revier deiner Gewohnheiten zu verlassen, um dich neuen Empfindungen und Erfahrungen zu öffnen und dich dem Unbekannten, Unwägbaren zu stellen.

Laß die Vergangenheit los und vertraue dem Leben, wenn es dich dazu einlädt, ihm ins Herz der Gegenwart zu folgen. Auch wenn du nie weißt, was die Zukunft bringt.

Vorsätze für das neue Jahr

Im neuen Jahr will ich
dem Alltagsdämon
auf der Nase herumtanzen,
das Glück täglich aufs neue
auf meine Ehrengästeliste setzen,
dem Ernst des Lebens
ordentlich die Suppe versalzen,
dem Mißmut die Heiterkeit
auf den dicken Hals hetzen,
alles mit Gelassenheit angehen
und im offensichtlich Schlechten
das versteckte Gute sehen.

UM MITTERNACHT

Ich hab mich heute fest
mit dem neuen Jahr verabredet,
für Silvester um Mitternacht.
Ich will es tanzend begrüßen,
mit guter Musik und einem Lächeln,
das von innen kommt
und nach vorne strahlt ins neue Jahr –
wie ein Scheinwerfer der Seele
auf einen guten Weg,
der vor mir liegt
wie eine Reise von Augenblick
zu Augenblick, voller Chancen,
voller möglichem Glück.

Leben ist Wandel

Leben ist nur ein anderes Wort für Veränderung.
Wer lebt, verändert sich, muß sich verändern, wenn er mit dem Leben Schritt halten will.
Doch wer verändert sich schon gern? Es ist sehr bequem, so zu bleiben, wie man ist.
Viele erstarren in dieser Bequemlichkeit – und wundern sich, daß kein wirkliches Leben mehr in ihrem Leben ist.
Bleibe nicht hinter dem Leben zurück – bleibe auf seiner Höhe! Auch wenn es dich Überwindung kostet: Du wirst es nicht bereuen.

VIEL WICHTIGER

Viel wichtiger als das,
was unsere Erfahrungen
aus uns machen, ist das,
was wir aus
unseren Erfahrungen machen.

INS UNBEKANNTE

Die Sehnsucht
ist immer unterwegs.

Ihre Heimat
ist die ständige Reise
ins Unbekannte.

Das Leben muss sich ändern

Nichts ist so zuverlässig wie die Ungewißheit und nichts so sicher wie die Vergänglichkeit. Darum genieße den guten Augenblick, die schönen Stunden und Tage in vollen Zügen, denn sie werden vergehen.
Sei nicht traurig darüber. Akzeptiere dieses unumstößliche Gesetz des Lebens mit Gelassenheit und Humor.
Lerne, das Schöne zu umarmen, ohne dich daran zu klammern. Das Leben ist in ständiger Bewegung, immer im Umbruch begriffen.
Es ändert sich und muß sich ändern, um lebendig zu bleiben.

DAS GESCHENKTE MOTTO

Ein Mann, der auf die Sechzig zuging, gestand dem Meister: „Nachdem eine Frau, für die ich als junger Mann große Liebe empfunden habe, mich im Stich gelassen hatte, habe ich mich enttäuscht und verbittert von der Liebe abgewandt und meine ganze Kraft darauf gerichtet, reich zu werden. Nun bin ich einer der reichsten Männer der Stadt, habe Einfluß, Ansehen und Macht. Doch gestern abend, als ich auf der Terrasse meiner Villa saß, wurde mir bewußt, daß ich unglücklich und einsam bin. Daß ich falsch gelebt habe. Daß all mein Geld, mein Besitz und meine Macht mich nicht länger darüber hinwegtäuschen können, daß mein Leben leer und lieblos ist."

„Ich ziehe den Hut vor deiner Einsicht, die sicherlich viel Mut von dir gefordert hat", sagte der Meister. „Den allerwenigsten Menschen gelingt es, sich in fortgeschrittenem Alter einzugestehen, daß sie falsch gelebt haben. Du hast einige Jahrzehnte deiner Lebenszeit vergeudet, doch noch bist du kein Greis. Noch bleibt dir Zeit."

„Ist es denn nicht schon zu spät?"

„Es ist nie zu spät, ein neues Leben zu beginnen, wenn man erkannt hat, daß das alte ein Irrtum war. Selbst wenn du nur noch ein paar Monate zu leben hättest, wäre es nicht zu spät für dich. Ein einziger Tag, der einfach nur um seiner selbst willen gelebt wird, kann unsagbar lang sein."

Der Besucher nickte zustimmend und sagte: „Ich wußte, daß ich dich nicht ohne ein wertvolles Geschenk verlassen würde."

Der Meister zog vor Überraschung die Augenbrauen hoch.

„Aber ich habe dir nichts geschenkt."

„Doch!" erwiderte der Besucher. „Du hast mir das Motto meines zukünftigen Lebens geschenkt: Den Tag um seiner selbst willen leben!"

LEBENSGEFÜHL

Nutze den
magischen Augenblick,
der dir die Tür öffnet
in ein Lebensgefühl,
das dich erfüllt
und inspiriert.

Langes Zögern
ist sicheres Scheitern.

ERLAUBNISFRAGE

Letztlich zählt der Augenblick,
die unmittelbare Gegenwart,
in der allein das Leben
zu sich selbst
und zu uns finden kann –

wenn wir es ihm erlauben.

GRAUE TAGE

Graue Tage
sind unwillkommen,
aber ohne den Vergleich
mit ihnen würden wir
die bunten nicht
so sehr genießen.

UMARME DIE GEGENWART

Angenommen, du müßtest in einer Woche sterben. Wie würdest du deine verbleibende Zeit verbringen? Hast du dir diese Frage beantwortet, vergleiche die Art, wie du deine letzten Tage gestalten würdest, mit der Art, wie du deine nächsten Tage gestalten wirst. Und damit kennst du auch die Antwort auf die Frage, wie weit du an deinem eigentlichen Leben vorbeigehst. Vielleicht, weil du deine guten Vorsätze zu oft verschiebst und auf ein Morgen vertagst, das dann doch nicht kommt?

Umarme die Gegenwart. Laß dich in den Augenblick fallen.

Und das Morgen wird zum Heute, das Irgendwo und Irgendwann zum Hier und Jetzt.

LASS DEN MOMENT ENTSCHEIDEN

LASS DEN MOMENT ENTSCHEIDEN

Denk nicht zuviel an die Zukunft –
das hindert dich,
die Gegenwart zu leben.
Konzentriere dich nicht zu sehr
auf deine Absichten –
laß den Moment entscheiden,
was richtig für dich ist.
Das mag etwas
völlig Überraschendes sein.

Leben ist die Kunst,
unsichtbaren Zeichen zu folgen,
unhörbaren Worten.

Schaue tief in den Augenblick

Vergiß die vergeudeten Stunden, die schlechten Tage und
schwierigen Wochen. Sie sind Schnee von gestern.
Im Heute liegt die Tür in die Freude, aber denke daran,
daß es manchmal eine Geheimtür ist, die du auf den ersten Blick nicht erkennst.
Darum schaue tief in den Augenblick, sei sensibel für dich
und deine Umwelt, denn manches Schöne versteckt sich
gern in dir und in deiner Nähe und entgeht der oberfläch-
lichen Wahrnehmung.

Blickrichtung

Wenn wir uns zu sehr
auf die Wege konzentrieren,
die uns von außen verbaut werden,
verlieren wir leicht den Blick
auf die Wege, die wir uns
von innen freilegen können.

ZEIT FÜR UNS UND ANDERE

Wir leben in einer schnellebigen Welt, die an der Bedeutung des Augenblicks vorbeihetzt. Nur der Mensch, der mit den Augen des Herzens sieht und auf die Stimme der Seele hört, entdeckt die Schönheit der Langsamkeit.

Verzichten wir auf die Teilnahme an dem hektischen Rennen um die vermeintlich besten Plätze – und nehmen uns Zeit, um sie uns selbst und anderen zu geben! Zeit ist Freiheit, und Freiheit ist die Schwester der Lebensfreude.

Komm öfter zur Ruhe, damit die Ruhe öfter zu dir kommt. Es gibt wundervolle Augenblicke der Ruhe und Stille, in denen wir uns besinnen – und unseren Sinn, unseren Weg, unseren Platz im Leben finden oder wiederfinden können.

Seelische Unruhe gleicht einem trüben Fluß voll aufgewühltem Schlamm. Seelische Ruhe ist wie ein glasklarer Bergsee, auf dessen Grund man sehen kann.

Wir brauchen immer aufs neue Momente seelischer Ruhe, um uns nicht zu weit von uns selbst zu entfernen: Augenblicke, in denen unser Denken stillsteht und reines Empfinden uns erfüllt. Wenn wir mit Leib und Seele in ihnen aufgehen, verschlägt die Tiefe unseres Erlebens dem Verstand die Sprache.

Von Augenblicken

Der Augenblick,
in dem ich erkannte,
daß es im Leben immer nur
auf den Augenblick ankommt,
war einer der besten meines Lebens.

Der Augenblick,
in dem ich erkannte,
daß ich in dir gefunden hatte,
was ich in anderen nur vermutet hatte,
war der beste meines Lebens.

Ich freue mich schon auf den Augenblick,
in dem du diese Zeilen liest.

SEI GEISTESGEGENWÄRTIG

Laß dich nicht von
vorschnellen Urteilen verführen,
schränke deine Wahrnehmung nicht
mit dem besserwisserischen Blick
der Lebenserfahrung ein.

Sei geistesgegenwärtig!
Erlebe den Augenblick
mit offenem Herz
und wachen Sinnen,
damit du seine
wahre Bedeutung erkennst.

Die Macht der Gedanken

Wie deine Gedanken zu Worten werden, entstehen aus deinen Worten Taten.
Deine Taten haben die Neigung, Gewohnheiten zu werden.
Deine Gewohnheiten prägen deinen Charakter.
Und dein Charakter beeinflußt dein Schicksal.
Also gib gut acht auf deine Gedanken, bevor sie zu Worten werden.

Priorität

Immer sollte die Angst,
daß etwas Gutes nicht beginnt,
größer sein als die Angst,
daß es enden wird.

BESTENFALLS

Man kann Tage verbringen,
ohne einen einzigen Augenblick
im Augenblick zu leben.

Aber das ist nicht Leben,
das ist bestenfalls
Warten auf Leben.

DIE GRÖSSTEN ERFOLGE

Die größten Erfolge,
die wir im Leben
feiern können,
sind die Triumphe
über die Lieblosigkeit,
über die Gleichgültigkeit,
die Siege der Liebe.

LEICHT WERDEN

Laß uns Eulen
nach Athen tragen
und das Unwägbare
einfach wagen,
laß uns Pyramiden
nach Ägypten transportieren
und das Riskante
einfach riskieren,
laß uns den Flamenco
nach Spanien bringen
und das Unsagbare
einfach singen.

Laß uns Spaß
an der Freude haben
und uns ausgiebig
an ihr laben,
damit uns das
innere Lächeln gelingt –
und wir ganz leicht werden
und rundum beschwingt.

CHANCEN

Versäumen wir
den richtigen Augenblick,
haben wir eine Chance verpaßt,
die vielleicht nie wiederkommt.

Doch wenn wir ihr nachtrauern,
sehen wir nicht die nächste,
die sich uns bietet.

MUTIG SEIN

Mutig sein heißt,
keine Angst zu haben,
daß ein Wagnis mißlingt,
das man eingeht.

Und es heißt auch,
sich die Kraft zuzutrauen,
wieder von vorn anzufangen,
falls es doch mißlingt.

Am Ende der Lehre

Eine hübsche und kluge junge Frau suchte einen für seine Weisheit bekannten Mann auf und fragte ihn: „Was ist das Beste, das du mich lehren kannst?"

„Warum bist du zu mir gekommen?" fragte der Weise zurück.

„Weil du den Ruf hast, große Weisheit erlangt zu haben und ein gelassenes, friedliches und glückliches Leben zu führen."

„Das ist mein Ruf", sagte der Weise. „Doch wer bin ich?"

Die junge Frau sah ihn eine Weile an und überlegte sich ihre Antwort gut, weil sie sich keine Sympathien verscherzen wollte.

„Du bist kein junger Mann mehr", sagte sie schließlich, „aber du hast die Ausstrahlung eines jungen Mannes. Du bist voller Lebenserfahrung, aber deine Augen sind so klar wie die eines Kindes. Du hast gelernt, daß manchen Menschen nicht zu trauen ist, doch du schaust mich mit einer Miene an, aus der Vertrauen spricht."

„Du hast dich selbst schon viel gelehrt", stellte der Weise fest. „Das Beste, was ich dich lehren kann, ist dir zu helfen, wie du dich noch mehr lehren kannst."

„Und was wird am Ende dieser Lehre stehen?" fragte die junge Frau.

„Am Ende dieser Lehre wird ein Punkt stehen, kein Fragezeichen", sagte der Weise. „Und du selbst wirst dort stehen. Mit einem Blick, der in der Unvollkommenheit des Lebens Vollkommenheit erkannt hat."

AUS DEM
AUGENBLICK
HERAUS

Als sie jung gewesen waren, in den wilden Siebzigern, hatten sie fast zehn Jahre lang in einer fünfköpfigen Progressive-Rock-Band gespielt, die es zu einer gewissen Bekanntheit gebracht, aber nie die großen Bühnen erobert hatte. Trotzdem war es die beste Zeit ihres Lebens gewesen.

Andreas spielte Querflöte, Klarinette und Saxophon, Michael die elektrischen und akustischen Gitarren. Sie hatten ihre Fans und sogar ein paar Groupies gehabt, die ihnen von Konzert zu Konzert folgten.

Sie waren ganz kurz vor dem ersehnten Durchbruch gewesen, nachdem Lisa sich ihnen angeschlossen hatte, eine zierliche Sängerin mit einer einprägsamen, gefühlvollen Stimme: eine hübsche, elfenhafte Frau.

Bei einem Konzert der Band war der Talentscout einer großen Plattenfirma hellhörig geworden und hatte ernsthaftes Interesse an der Band signalisiert, das sich aber bald schon als Interesse an Lisa entpuppte. Die Company wollte Lisa als Solokünstlerin aufbauen, bot ihr einen Plattenvertrag an und versprach ihr das Blaue vom Himmel.

Lisa trennte sich von der Band, unterschrieb den Plattenvertrag und brachte ein Album mit eher kommerziellen als progressiven Songs auf den Markt, obwohl sie kommerzielle Popmusik immer abgelehnt hatte. Das Album war zwar kein Flop, aber auch nicht erfolgreich genug, um die Company zu einem zweiten Album mit ihr zu motivieren – womit Lisas Karriere als Popstar endete, kaum daß sie begonnen hatte.

Für die Musikindustrie galt das Prinzip nicht, daß jeder eine zweite Chance verdient hat.

„Was macht Lisa eigentlich? Hast du mal was von ihr gehört?" fragte Michael.

Andreas schüttelte den Kopf. „Seit Ewigkeiten nicht. Aber laß uns nicht über Lisa reden. Du hast heute Geburtstag."

„Ja – und?"

„Da hast du einen Anspruch auf eine gute Stimmung, und Lisa ist nicht wirklich ein inspirierendes Thema!" Michaels einziger Geburtstagsgast hob sein halb gefülltes Weinglas und leerte es mit entschlossenen Zügen.

Michael nickte zustimmend. „Unglaublich, wie die Zeit vergangen ist. Es ist ja schon seltsam, zwanzig zu werden und das Gefühl zu bekommen, seine Jugend hinter sich zu haben. Oder dreißig zu werden und sich damit abfinden zu müssen, daß die wilden Zeiten im großen und ganzen wohl vorbei sind. Oder mit vierzig in den Spiegel zu gucken und sich zu fragen, wo die Falten im Gesicht hergekommen und wo die Haare auf dem Kopf hingegangen sind. Und dann mit fünfzig zu wissen, daß man den Zenit seiner Lebenszeit überschritten hat."

„Tja, Älterwerden ist nicht ohne", stellte Andreas fest.

„Mit fünfzig habe ich mich noch nicht alt gefühlt", sagte Michael. „Das kam bei mir erst zehn Jahre später, als ich die Sechzig überschritten hatte. Da habe ich mir gesagt: So, jetzt gehst du mit jedem weiteren Jahr auf die Siebzig zu. Und die Siebzig, das ist schon eine Zahl, bei der man schlucken muß, die man nicht so einfach wegstecken kann. Die macht dir unmißverständlich deine Endlichkeit bewußt. Die sagt dir, daß du in den letzten Teil deines Lebens eingetreten bist, der bekanntlich mit dem Tod endet. Und das ist nicht wirklich erfreulich."

Andreas gab ein relativierendes Brummen von sich. „Es ist eine Frage der kulturellen oder religiösen Perspektive. In Indien feiern die Menschen, wenn jemand gestorben ist. Sie ziehen sich weiße Klamotten an, zelebrieren die Verbrennung seiner sterblichen beziehungsweise gestorbenen Überreste und freuen sich mit dem Toten darüber, daß seine Seele sich aus der beschwerlich gewordenen Verbindung mit dem Körper befreit hat."

„Du mit deinen Indern!" murmelte Michael.

„Du hättest damals, nach der Auflösung der Band, mitkommen sollen! Das Jahr in Indien war eins der besten meines Lebens. Vielleicht sogar das beste!"

„Das hast du mir oft genug gesagt!"

„Es hat mir auch sehr viel gebracht. Und es hätte dir auch viel gebracht. Oft habe ich mich dort gefühlt wie auf einem anderen Planeten."

„Ja, ich weiß. Glaubst du immer noch, daß die Seele nach dem Tod weiterlebt?"

„Natürlich! Sicher lebt die Seele weiter. Daran hab ich übrigens schon geglaubt, bevor ich in Indien war."

„Und woher willst du das wissen?"

„Das weiß ich einfach. Tief drinnen weiß ich das. Deshalb hab ich auch keine Angst vor dem Tod. Weil er kein Ende ist, sondern ein neuer Anfang." Andreas nickte mehrmals, was er gern tat, wenn er zutiefst von etwas überzeugt war, das er gesagt hatte.

„Ich hab eigentlich auch keine Angst vor dem Tod", sagte Michael. „Ich hab nur Angst vor dem Leiden."

„Leben ist Leiden, meint Buddha", warf Andreas ein.

„Meint er das?" erwiderte Michael. „Leben kann aber auch Freude sein. Und das sollte es auch. Denn was hat es für einen Sinn, jahrzehntelang zu leiden, um dann schließlich zu sterben? Das wäre doch sinnlos… Der Dalai Lama, ist der nicht auch Buddhist?"

Andreas nickte.

„Der hat doch gesagt, der Sinn des Lebens besteht darin, glücklich zu sein. Darf er das überhaupt sagen – als Buddhist? Das ist doch ein Widerspruch zu der Lehre Buddhas, daß Leben Leiden ist!"

„Klar darf er das! Er ist der Dalai Lama! Die meisten Buddhisten, denen ich begegnet bin, wirkten gelassen, freundlich und heiter. Mit einer Leidensmiene sind die nicht durchs Leben gelaufen."

„Du bist doch auch Buddhist."

„Eigentlich bin ich nur ein Sympathisant. Der Buddhismus ist mir in mancher Hinsicht sympathisch. Zum Beispiel der Aspekt der Selbstverantwortung für sein eigenes Leben. Einige buddhistische Einsichten erscheinen mir unmittelbar einleuchtend und sinnvoll."

„Sinnvoll", murmelte Michael nach einer Weile und nickte gedankenverloren. „Als ich jung war, da war alles sinnvoll, was ich freiwillig machte, jedenfalls so gut wie alles – und wenn es der größte Blödsinn war. Und heute muß ich manchmal erst nach dem Sinnvollen suchen, um Lust zu kriegen, es zu machen."

„Ich schätze, es ist sinnvoll", sagte Andreas, „wenn ich uns Sekt nachschenke."

„Als junger Mann habe ich ein Buch gelesen oder einen Film geguckt, um ein Buch zu lesen oder einen Film zu gucken", setzte Michael seinen Gedankengang fort. „Heute lese ich bei den meisten Büchern nur die ersten zehn, zwanzig Seiten und lege sie dann weg. Und bei den meisten Filmen gucke ich die ersten zehn, zwanzig Minuten und steige dann aus."

„Warum?"

„Weil ich mit heutiger Wirkung vierundsechzig Jahre alt bin."

„Das mußt du mir näher erklären!"

„Zum einen bin ich mit den Jahren kritischer geworden. Zum anderen hab ich nicht mehr alle Zeit der Welt. Ein Mann unserer Baujahre stirbt durchschnittlich mit fünfundsiebzig Jahren."

„Sagt wer?"

„Das Statistische Bundesamt. Ich habe also noch gut zehn Jahre zu leben, wenn statistisch alles normal läuft. Es könnten natürlich auch noch zwanzig werden. Und diese Jahre will ich nicht mit Büchern vergeuden, die nicht lesenswert sind. Und nicht mit Filmen, die nicht sehenswert sind. Ich möchte meine Zeit sinnvoll verbringen."

„Ja, man wird selektiver, wenn man älter wird. Geht mir genauso. Ist doch auch in Ordnung. Aber was ist für dich sinnvoll? Wie definierst du das?" fragte Andreas.

„Sinnvoll ist alles, was mir Freude macht, was mich beschwingt, was mich zum Lächeln bringt", antwortete Michael. „Was mir nicht das Gefühl gibt, meine Zeit zu vergeuden. Sinnvoll ist jede Kerze, die ich für mich und andere Menschen anzünde, anstatt über die Dunkelheit zu klagen. Sinnvoll ist alles, was mir nicht den Eindruck vermittelt, daß ich es schon tausendmal getan habe."

Andreas nickte zustimmend. „Ich hab mich noch kürzlich gefragt, ob das Altwerden neben den offensichtlichen Nachteilen auch weniger offensichtliche Vorteile mit sich bringt."

„Und hast du eine Antwort gefunden?"

„Ich fürchte, die Nachteile überwiegen."

„Hast du auch darüber nachgedacht, wo die Vorteile des Alterns liegen?"

„Naja, man sieht klarer. Man hat vieles durchschaut. Man schleppt die Last seiner Illusionen nicht mehr mit sich herum."

„Eine manchmal sehr süße Last", wandte Michael ein.

„Trotzdem eine Last – die auch schnell sehr bitter werden kann ... Man schaut einer Frau nicht mehr auf der Straße nach, bloß weil sie ein hübsches Gesicht oder eine gute Figur hat. Man läßt sich nicht mehr von Äußerlichkeiten beeindrucken. Man hat mehr Seelenfrieden, kann besser zwischen Wesentlichem und Unwesentlichem unterscheiden. Man erwartet nicht mehr soviel von anderen Menschen, womit das Enttäuschungspotential erheblich reduziert wird. Und man hat mehr freie Zeit. Jedenfalls du und ich, seit wir in Rente sind."

„Hast du eigentlich jemals bereut, daß wir uns als Musiklehrer durchs Leben geschlagen haben?" fragte Michael.

„Ich wäre lieber ein Musikstar geworden, aber dazu hat es halt nicht gereicht. Aber es ist kein übler Beruf, Menschen beizubringen, wie man Klarinette oder Querflöte spielt. Nein, ich bereue es nicht. Du?"

Michael schüttelte den Kopf. „Unsere große Leidenschaft war schon immer die Musik, und die haben wir zu unserem Beruf gemacht. Nicht so kreativ und glamourös, wie wir es uns erträumt hatten. Aber doch irgendwie akzeptabel."

Andreas hob sein Glas. „Auf die Musik! Die große Liebe unseres Lebens."

Michael tat es seinem einzigen Geburtstagsgast nach. „Auf die Musik!"

Die Gläser erzeugten einen angenehmen Klang, als sie aneinanderstießen.

„Kannst du dich noch an den Song *Old Friends* von Simon and Garfunkel von ihrem Album *Bookends* erinnern?" beendete Michael das Schweigen. „Zwei alte Freunde sitzen auf einer Parkbank wie Buchenden. Der Wind weht eine Zeitung über das Gras auf ihre Schuhe. Und dann ganz unverhofft die Worte: *How terribly strange to be seventy.*"

„Noch sind wir nicht siebzig", stellte Andreas fest.

„Aber in ein paar Jahren werden wir es sein. Und die werden schnell vergehen."

„Naja, so schrecklich seltsam wird das schon nicht sein, wenn wir siebzig sind. Man stellt es sich nur so vor, wenn man jung ist. Paul Simon war ja noch keine Dreißig, als er den Song geschrieben hat. In diesem Alter hab ich es mir auch schrecklich seltsam vorgestellt, siebzig zu sein. Es wird schon nicht so schlimm sein."

Michael warf Andreas einen skeptischen Blick zu. „Wir reden uns hier nicht das Altwerden schön, oder?"

Andreas schüttelte den Kopf. „Würde ich so nicht sagen. Und wenn ja, wäre es auch okay. Besser, man redet sich etwas schön, an dem man eh nichts ändern kann, als daß man es sich häßlich redet."

Michael nickte zustimmend, wandte jedoch ein: „Aber bei vielen scheint das nicht so gut zu klappen, das Schönreden. Alte Menschen sehen oft so traurig aus, so enttäuscht."

Andreas runzelte die Stirn. „Willst du uns deinen Geburtstag vermiesen?"

„Ich will nur nicht die Realitäten des Lebens beschönigen", erwiderte Michael.

„Okay, aber diese Realitäten sind stark abhängig von deiner Haltung und deiner Perspektive. Denk mal an den Song *Forever Young* von Bob Dylan!" Andreas sang: *„Forever young, forever young. May you stay forever young."*

„Du bist wirklich kein begnadeter Sänger."

„Das ist Bob Dylan auch nicht. Aber es kommt ja auf den Text an."

„Okay, aber was ist schon an dem Text dran? Er singt ja nur: Mögest du für immer jung bleiben! Was biologisch unmöglich ist."

„Er meint das ja nicht biologisch. Er wünscht uns, daß wir immer innerlich jung bleiben, und das ist ja durchaus machbar."

„Kommt darauf an, was man unter innerlichem Jungbleiben versteht", gab Michael zu bedenken.

„Ich verstehe darunter, daß man offen bleibt für das Leben, für Menschen, für die Liebe und die Freundschaft, für die Natur, die Musik, die Literatur, die Kunst", erklärte Andreas. „Daß man einfühlsam bleibt und wahrhaftig und auch mal überschwenglich ist. Daß man sich freuen kann wie ein Kind, wenn im Frühling die Bäume blühen und die Blumen aus der Erde kommen. Daß man sich seine Lebensfreude bewahrt und kein alter Miesepeter wird. Findest du nicht, daß sich das machen läßt, Michael?"

„Auf jeden Fall sollte man es versuchen! Und es kann ja auch gelingen, wenn man körperlich gesund bleibt."

„Dann laß es uns versuchen!" schlug Andreas vor. „Laß uns für immer innerlich jung bleiben!"

„Okay!" sagte Michael. „Laß es uns versuchen!"

Das Telephon im Nebenzimmer klingelte.

„Wer mag das sein?" fragte Andreas.

„Keine Ahnung. Eigentlich haben schon alle angerufen."

Michael stand auf und ging ins Nebenzimmer, während Andreas sich daran machte, die dritte Flasche Sekt zu entkorken.

„Und – wer war es?"

Michael setzte sich nachdenklich auf den Sessel, atmete

tief durch, nahm das wieder aufgefüllte Glas in die Hand und trank einen kräftigen Schluck.

„Eine echte Überraschung."

„Ja? Ist doch gut. Zu einem guten Geburtstag gehört eine echte Überraschung. Also – wer war es?"

„Erst habe ich ihre Stimme gar nicht erkannt. Ich dachte, jemand hat sich verwählt."

„Wessen Stimme?"

„Die Stimme von Lisa."

Andreas schaute seinen Freund ungläubig an. „Was?"

„Du verstehst schon."

„Unsere Lisa?"

„Ja, unsere Lisa."

„Nee! Das gibt's doch nicht!"

„Das gibt's."

„Wirklich? Und – was wollte sie?"

„Mir zum Geburtstag gratulieren. Und sich …"

„Und was?"

„Sie hat sich entschuldigt."

„Sie hat sich entschuldigt?"

Michael nickte. „Dafür, daß sie uns damals im Stich gelassen und sich nach München abgesetzt hat, wegen ihres Plattenvertrags."

Andreas runzelte die Stirn und schüttelte den Kopf. „Das kommt etwas zu spät, oder? Vierzig Jahre zu spät."

„Besser zu spät als gar nicht."

„Und hast du ihre Entschuldigung akzeptiert?"

„Ja, hab ich."

„Echt?"

Michael nickte.

„Fiel dir das schwer?"

„Nein."

„Wirklich? Du warst doch auch total enttäuscht von ihrem Verhalten, damals. Durch die Konzerte mit unserer Band ist die Plattenfirma auf Lisa aufmerksam geworden! Und dann hat sie uns eiskalt abserviert, als es hieß: entweder die Band oder der Plattenvertrag. Und schließlich hat sie diese kommerziellen Songs aufgenommen, die sie ihr vorgesetzt haben, obwohl sie angeblich höhere musikalische Ansprüche hatte. Das war charakterschwach. Und undankbar uns gegenüber."

„Sie wollte halt ihre große Chance nutzen."

„Und hat es nicht mal für nötig gehalten, es uns persönlich zu sagen. Ein Brief! Sie hat sich hinter einem Brief mit vier Zeilen versteckt!"

„Sie hat sich geschämt, sagt sie. Sie hatte Angst davor, es uns persönlich zu sagen."

„Sagt sie das?"

„Ja. Es tut ihr leid, daß sie sich damals uns gegenüber nicht besser verhalten hat. Das lag ihr all die Jahre auf der Seele." Andreas starrte auf die Kerzenflamme. Draußen auf der Straße hupte ein Auto. Er räusperte sich. „Ich habe Lisa gemocht, wirklich. Aber es hat mir nicht für sie leidgetan, daß es mit ihrer Popstarkarriere nicht geklappt hat. Ich fand, das war sowas wie ausgleichende Gerechtigkeit dafür, daß sie uns als Sprungbrett benutzt und dann fallen gelassen hat."

„Lisa hatte das doch nicht so geplant", verteidigte Michael die Sängerin. „Es hat sich alles so ergeben. Die Company hat ihr die Pistole auf die Brust gesetzt. Entweder ein Plattenvertrag als Solokünstlerin oder gar nichts. Wer weiß, ob du oder ich an ihrer Stelle uns nicht genauso entschieden hätten?"

„Ich hätte mich nicht bei Nacht und Nebel aus dem Staub gemacht, um eine Chance zu nutzen, und einen feigen Vierzeiler an die Menschen geschickt, denen ich diese Chance überhaupt zu verdanken hatte ... Naja, lang ist es her. Und wie geht es ihr?"

„Ich glaube, es geht ihr nicht gut. Sie wirkte traurig."

„Naja, sie ist jetzt auch in unserem Alter."

„Nein ... Da war noch was anderes. Etwas, das sie bedrückte. Sie konnte es nicht verbergen. Aber sie wollte nicht darüber reden."

„Und was nimmst du dir so vor für dein nächstes Lebensjahr?" beendete Andreas das lange Schweigen.

„Nur noch tun, was mir Spaß macht. Starke Songs hören,

gute Bücher lesen, tolle Filme sehen. Meine Rentner-Freiheit genießen eben! Planlos in den Tag hinein leben und spontanen Impulsen folgen. Mir eine neue Western-Gitarre gönnen, auch wenn ich nicht unbedingt eine brauche. Ab und zu einen Song komponieren. Öfter mal auf meinem Indoor-Trampolin herumhüpfen, in unserem Alter muß man auf die Fitneß achten. Dann und wann im Park radeln oder spazieren. Ab und zu bewußt unvernünftig sein. Und jeden Tag möglichst gut beginnen."

„Zum Beispiel wie?"

„Nietzsche hat geschrieben, das beste Mittel, jeden Tag gut zu beginnen, sei beim Erwachen daran zu denken, ob man nicht wenigstens einem Menschen eine Freude machen könne. Das könnte man doch ab und zu beherzigen."

„Wie soll das konkret aussehen?"

„Was weiß ich? Geschenke machen! Ich hab so viele Dinge, die ich nicht mehr brauche. Zum Beispiel all die angelesenen Bücher. Das sind Hunderte! Sind alle noch wie neu. Kann ich doch an irgendwelche Leseratten verschenken, die sich darüber freuen."

„Das ist zu leicht", wandte Andreas ein. „Das Zeug zu verschenken, das man eh nicht mehr braucht."

„Leicht ist richtig", konterte sein Freund.

„Mag sein. Aber es macht noch mehr Spaß, den eigenen Egoismus auf die Schippe zu nehmen – und zum Beispiel Dinge zu verschenken, an denen man hängt. Oder den

Spaß und die bewußte Unvernunft elegant miteinander verbinden. Wäre das nicht was?"

„Zum Beispiel wie?"

„Du magst doch diese mürrische Frau im Nebenhaus nicht so besonders, oder? Wie heißt sie noch? Brumme, oder so?"

„Sie heißt Bromme. Agnes Bromme. Die ist wirklich unsympathisch. Sie grüßt nicht auf der Straße, guckt immer weg. Niemand in der Nachbarschaft mag sie."

„Dann schieb ihr doch mal einen Fünfzig-Euro-Schein in einem Umschlag in den Briefkasten und schreib darauf: *Von jemandem in Ihrer Nachbarschaft, der Sie mag! Gönnen Sie sich dafür was Schönes!* Damit schlägst du drei Fliegen mit einer Klappe."

„Gleich drei?"

„Ja. Erstens machst du einem Menschen eine Freude. Zweitens tust du bewußt etwas Unvernünftiges. Und drittens nimmst du deinen Egoismus auf den Arm. Denn der sagt dir, daß diese Frau so ziemlich der letzte Mensch ist, dem du fünfzig Euro schenken möchtest. Indem du es trotzdem tust, überwindest du dein Ego, was an sich schon eine tolle Erfahrung ist. Zusätzlich wird sich das positiv auf deine spirituelle Entwicklung und dein Karma auswirken."

„Ich fürchte, die Dame wird sich nicht über den Umschlag mit dem Geld freuen. Ich habe sie noch nie lächeln sehen. Wahrscheinlich ist sie unfähig zur Freude."

„Mumpitz! Jeder Mensch freut sich über ein unverhofftes Geschenk von fünfzig Euro. Sie wird lächeln und sich sagen: In meiner Nachbarschaft ist irgendwo ein Mensch, der durch meine mürrische Fassade gesehen und meinen guten Kern erkannt hat! Und weil alles im Universum irgendwie miteinander zusammenhängt, wird ihre Freude irgendwann auf dich zurückstrahlen und dir eine Freude schenken – auch wenn du deren Ursache dann nicht mehr zurückverfolgen kannst."

„Andreas, ich hab manchmal das Gefühl, du warst damals zu lange in Indien."

„Ich glaube eher, ich war nicht lange genug dort."

„Dann fahr doch wieder hin!"

Andreas schüttelte energisch den Kopf. „Indien ist nicht mehr das, was es in den Siebzigern war. Und ich bin es auch nicht mehr. Ich würde nur an Orten, die sich verändert haben, den Menschen suchen, der ich damals war. Das intensive, manchmal magische Lebensgefühl suchen, das ich damals hatte. Das kann doch nur scheitern. Es ist ratsam, nicht wieder dorthin zurückzureisen, wo man vor langer Zeit einmal glücklich war. Man verdirbt sich nur die Erinnerungen und tut sich unnötig weh. Außerdem hat mir die Hitze schon damals zu schaffen gemacht. Heute würde ich sie überhaupt nicht mehr aushalten."

„Wenn du meinst."

„Was hast du noch so vor im nächsten Lebensjahr?" fragte Andreas seinen Freund nach einer Gesprächspause.

„Ab und zu in die Innenstadt fahren und den Straßenmusikern mehr Geld geben, als sie erwarten", antwortete Michael. „Weißt du noch, wie wir beide dort mal gespielt haben vor tausend Jahren, und was das für ein Kick war, als ein Passant uns einen Hundertmarkschein in den Gitarrenkoffer gelegt hat?"

„Ja, das hat er. Aber nicht, weil er von unserer Musik so begeistert war, sondern um seiner hübschen Freundin mit seiner Großzügigkeit zu imponieren."

„Egal – es war trotzdem ein Kick! Was deinen Tip hinsichtlich der Egoüberwindung betrifft: Vielleicht sollte ich den Fuffi lieber einem freundlichen Menschen in meiner Nachbarschaft in den Briefkasten werfen. Um mich für den Anfang nicht zu überfordern."

„Unterschätze nicht die Freude der Seele nach einem Triumph über das Ego! Schenk der mürrischen Dame den Fuffi! Ohne den Gedanken, dafür irgendwann einmal um tausend Ecken belohnt zu werden. Gib ihr die Kohle aus unegoistischer, absichtsloser Unvernunft. Aus purer Freude an dem Sprung über den eigenen Schatten."

„Ich werde darüber nachdenken. Danke für die Anregung!"

„Immer wieder gern! Weißt du, Michael, in unserem Alter kommt es darauf an, ab und zu was total Neues zu machen, weil man das Alte schon viel zu oft gemacht hat.

Und es kommt darauf an, sich Freuden zu machen. Kleine, mittlere und größere. Freuden sind das beste Gegengift gegen die täglichen Schlangenbisse des Alterns."

„Wow! Schlangenbisse des Alterns! Das hast du schön gesagt. In dir steckt ein Dichter, Andreas."

„Findest du? Ich weiß nicht. Du, ich muß mal eben für kleine Jungs. Du kannst uns ja schon mal nachgießen."

„Warte!"

„Nee, ich muß wirklich sofort auf den Topf."

„Und ich muß dir sofort sagen, daß du nicht nur mein ältester, sondern auch mein bester Freund bist. Viele sind gekommen und gegangen. Du bist geblieben. Und das ist… das bedeutet mir sehr viel. War das jetzt zu pathetisch?"

„Nein, war es nicht. Mir bedeutet es auch sehr viel. Ich muß jetzt aber trotzdem mal irgendwohin!"

Nachdem Andreas das Zimmer verlassen hatte, stand Michael auf, ging zum Fenster und blickte auf die Straße hinunter, wo die parkenden Autos am Straßenrand ordentlich hintereinander standen. An der Laterne vor dem Haus hatte jemand sein Fahrrad angeschlossen. Keine Menschenseele weit und breit. Der zunehmende Mond strahlte in einem ungewöhnlich warmen Gelb und hing tief am Himmel, nur ein kleines Stück über dem Horizont. Es war ein schönes Gefühl, ihn zu betrachten.

Mein Geburtstag geht zu Ende, dachte der Gitarrist. Und ich habe nicht getanzt. Ich habe seit Silvester nicht mehr getanzt. Das ist nicht gut, ich sollte ab und zu mal tanzen. Als ich jung war, habe ich es jede Woche getan. Es ging gar nicht ohne. Als ich jung war, hatte ich Schwung genug für zwei. Schwung genug, um dem Ernst des Lebens ein Schnippchen nach dem anderen zu schlagen.

Michael seufzte. Der Schwung hatte mit den Jahrzehnten nachgelassen, ebenso wie die durchschnittliche emotionale Flughöhe. Aber als Ausgleich dafür war immerhin die Zahl der Abstürze zurückgegangen. Die wilden Schwestern Ekstase und Euphorie hatten sich mehr und mehr aus seinem Leben zurückgezogen, auch die Glücksmomente waren leider seltener geworden. Aber es gab sie noch, dann und wann. Und solange es sie geben würde, würde er auf die Frage, wer unter den Anwesenden das Leben lebenswert findet, ohne Zögern den Arm heben.

Es war davon auszugehen, daß seine gefühlte Lebensqualität in den noch vor ihm liegenden Jahren nachlassen würde. Doch er würde sie nicht widerstandslos zurückweichen lassen, sondern alles ihm Mögliche in die Waagschale werfen, um ihr Niveau zu halten.

Er würde sich angewöhnen, sich nach dem Aufwachen ab und zu die Frage zu stellen, welche Freude er an dem neuen Tag einem anderen Menschen machen könnte. Andreas hatte recht: Freude war das beste Gegengift gegen die Schlangenbisse des Alterns. Immer neue Freude. Auch wenn, oder gerade weil von all den magischen Momenten und intensiven Begegnungen der Vergangenheit nur noch Erinnerungen übrig waren, die mehr und mehr verblaßten. Auch wenn, oder gerade weil die meisten Freunde und Wegbegleiter andere Wege oder schon über den Jordan gegangen waren. Auch wenn, oder gerade weil er es im Leben zu nichts Größerem gebracht hatte als zu einem Gitarrenlehrer an einer privaten Musikschule.

Immerhin war er jetzt frei, völlig frei, und konnte tun und lassen, was er wollte. Das war ein Riesenluxus! Es gab keine Arbeitspläne und keine Pflichten mehr. Jeder neue Tag gehörte ihm. Der Rest seines Lebens gehörte ihm, und er war entschlossen, diese neue Freiheit zu genießen. Mit seiner Rente konnte er keine allzu großen Sprünge machen, aber sie langte für die Miete, für die Lebenshaltungskosten, für eine gelegentliche Reise und für die eine oder andere nicht unbedingt nötige Ausgabe.

Er ging zum Tisch zurück, ließ sich in den Sessel sinken und sagte sich, daß sein Geburtstag besser verlaufen war, als er es erwartet hatte. Er hatte das Beste daraus gemacht, wie er aus seinem bisherigen Leben das Beste gemacht hatte. Und er würde versuchen, es auch mit seiner Zukunft so zu halten.

Er betrachtete die Buddha-Statue auf dem Tisch: das Geburtstagsgeschenk seines alten Freundes, über das er sich sehr gefreut hatte und immer noch freute. Er nahm die schöne indische Sandelholz-Schnitzerei in die Hand und stellte fest, daß es dem Schnitzmeister gelungen war, dem Gesicht des Erleuchteten ein entspanntes, entrücktes Lächeln zu verleihen, das der Statue eine schöne Ausstrahlung gab.

Michael wußte, daß Andreas an dieser Statue hing, die er vor Jahrzehnten von seiner langen Indienreise mit nach Deutschland gebracht hatte. Es mußte schwierig für ihn gewesen sein, sich von ihr zu trennen, um sie seinem Freund zu schenken. Andreas liebte schwierige Geschenke. Er war der Meinung, daß ein gemachtes Geschenk umso wertvoller war, je lieber man es eigentlich selbst behalten hätte. Andreas sprang gern über seinen eigenen Schatten und nannte es: dem Ego einen auf den Deckel geben.

Während Michael das lächelnde Gesicht des meditierenden Buddhas betrachtete, faßte er den Entschluß, Andreas' Ratschlag zu befolgen. Morgen würde er seiner grimmigen Nachbarin Agnes Bromme eine Freude machen. Er würde einen Fünfziger mit dem von Andreas angeregten Zweizeiler in einen Umschlag legen und ihn in ihren Briefkasten werfen. Oder vielleicht erstmal nur einen Zwanziger, um sich für den Anfang nicht zu überfordern. Dieser Entschluß verlieh ihm eine unverhoffte, fast übermütige Heiterkeit.

Sein Blick streifte unwillkürlich die Zeitanzeige im Display des CD-Spielers. Es war fünf vor zwölf. Sein Geburtstag würde in wenigen Minuten beendet sein.

Er stellte die Statue auf den Tisch zurück, stand auf und ging zum CD-Regal. Dort zog er eine Scheibe der Beatles heraus, legte sie in den Player und wählte den Song *When I'm Sixty-Four* an. Als die ersten Klänge des Oldies aus den Boxen schallten, schloß er die Augen und begann, spontan im Rhythmus der Musik zu tanzen.

Als er seine Augen wieder öffnete, sah er, daß Andreas wieder im Zimmer war und ein paar Schritte weiter ebenso selbstvergessen tanzte wie er, mit einem Lächeln im Gesicht.

Er tanzte mit seinem besten Freund lächelnd in den ersten Tag seines neuen Lebensjahres hinein! Auf den allerletzten Drücker. Nicht, weil es so geplant gewesen war. Es hatte sich so ergeben. Aus dem Augenblick heraus. Und das war gut. Das war mehr als nur gut. Das waren die wertvollsten Minuten seines Geburtstags.

IMMER IN DER GEGENWART

Immer in der Gegenwart

Lebe den guten Augenblick,
genieße das schöne Gefühl,
vertage das Lebenswerte nie auf morgen.
Morgen kommt zu spät.

Das wahre Leben ereignet sich
immer in der Gegenwart.
Nur in der Tiefe des Augenblicks
findest du seinen Sinn
und seine Schätze.

Geniesse das Gute

Der Genuß ist ein wichtiger Bestandteil der Lebenskunst.
Wenn wir einen schönen Anblick, ein begeisterndes Mu-
sikstück oder die zärtliche Nähe zu einem geliebten Menschen mit ganzer Seele genießen, werden wir zu besseren,
glücklicheren Menschen.
Denn das Leben tut uns gut, verwöhnt uns, entschädigt
uns für die trüben Tage und grauen Stunden, gibt uns Was-
servorrat für die Durststrecken des Alltags.

Täglicher Vorsatz

Ich will jeden Morgen
aufs neue die Chance sehen,
einen Schritt weiter in ein besseres,
erfülltes Leben zu gehen,
will mich besinnen
auf meine Interessen und Wünsche,
meine Talente und Stärken –
und versuchen,
die einmaligen Möglichkeiten
eines jeden neuen Tages
zu erkennen und zu nutzen.

ZEITVERHÄLTNIS

Ein kleiner Augenblick,
in dem die Seele
vor Freude tanzt,
wiegt mehr
als viele Stunden,
in denen der Körper
in Genüssen schwelgt.

GUTES UND BESSERES

Manchmal muß man,
so schwer es auch fällt,
das Gute aufgeben,
um das Bessere
nicht zu verlieren.

JEDER TAG IST GUT

Ein weiser Mann wurde von einem Glückssucher gefragt:
„Wie fühlst du dich heute?"
„Gut", sagte der Weise. „Ich fühle mich jeden Tag gut."
„Aber nicht jeder Tag ist gut", erwiderte der Besucher.
„Doch", widersprach der Weise, „jeder Tag ist gut. Auch
wenn er schlecht ist. Ich mache ihn gut."
„Wie soll das gehen?"
„Indem ich dem schlechten Tag nicht erlaube, mir ein
schlechtes Gefühl zu geben. Und immer wenn mir das gelingt, und es gelingt mir fast immer, spüre ich einen Triumph, eine Freude darüber, daß ich das in mir aufrecht
erhalten habe, was immer da ist und was immer gut ist: die
angeborene Heiterkeit meiner Seele, wie schlecht der Tag
auch sein mag."
Der Suchende bedankte sich für diese hilfreichen Worte,
in denen er eine Weisheit erahnte, die er sich zu eigen machen vornahm.

URTEILE NICHT VORSCHNELL

Wie du den Tag nicht vor dem Abend loben solltest, darfst du ihn auch nicht vor dem Abend aufgeben.

Manchmal vergeht ein Tag ohne ein nennenswertes Ereignis – ein monotoner Alltag, von dem du nichts mehr erwartest, den du möglichst bald vergessen willst.

Doch dann öffnet sich dir ganz überraschend eine Tür ins Leben.

Und der Abend rettet den Tag und schenkt dir schöne Stunden, die du nicht vergessen wirst.

Selbst die grössten Chancen

Selbst die größten Chancen
lösen sich in Luft auf,
wenn man sie nicht
beherzt, konsequent
und rechtzeitig ergreift.

Selbst das größte Wunder
verliert seine Zauberkraft,
wenn man versäumt,
sich ihm mit Leib
und Seele hinzugeben.

Gehe deinen Weg

Verleugne niemals deine Individualität, deine Art, das Leben zu sehen und zu verstehen. Verbiege dich nicht, weil du meinst, daß dein Leben so leichter für dich wird. So kann es nur schwerer werden.

Jeder Mensch ist einzigartig und muß seinen eigenen Weg zum Ziel seiner Wünsche gehen. Dieser Weg ist nicht ausgeschildert und nicht selten auch steinig und schwierig. Und manchmal fühlst du dich einsam auf diesem Weg, doch das ist besser, als in Gesellschaft einen Weg zu gehen, der nicht deiner ist.

Und vergiß nicht: Es gibt immer Menschen, die eine kürzere oder längere Strecke deines Weges mit dir gehen, weil dein Weg ein Teil ihres Weges ist.

Und schließlich bist du selbst stets an deiner Seite.

WÜNSCHE

Laß dir die Freude darüber,
daß einige deiner Wünsche
in Erfüllung gegangen sind,
nicht dadurch verderben,
daß andere sich
nicht erfüllt haben.

Ein wahr gewordener Wunsch
kann über drei Träume hinwegtrösten,
die Träume bleiben sollten.

WORTLOS

Es ist viel wichtiger,
wortlos den Weg
ans Licht zu wagen,
als wortreich
über die Dunkelheit
zu klagen.

JEDER NEUE TAG

Jeder neue Tag
ist eine neue Chance,
sich selbst zu begegnen,
bei sich zu bleiben
und mit sich zu gehen.

Jeder neue Tag
ist eine neue Chance,
sich zu finden,
in sich fündig zu werden,
aus sich heraus zu geben.

Lebe das Eigentliche

Mache dein Leben wesentlicher.

Reduziere die Zeit, die du hohlen Gewohnheiten oder sinnlosen Ablenkungen widmest. Schränke unbefriedigende Aktivitäten so weit wie möglich ein.

Mache jeden Tag zu etwas Besonderem. Fülle ihn mit Sinn, Musik, Poesie, Phantasie und Lebensfreude. Besinne dich auf das Eigentliche.

Und du wirst spüren, daß deine Lebensqualität wächst.

Im
Hier
und
Jetzt

Im Hier und Jetzt

Ich nehme mir Zeit.
Ich ruhe mich aus.
Die rastlose Uhr an der Wand
kann mich nicht täuschen.
Meine innere Uhr zeigt
ständige Gegenwart an.

Alles, was geschieht,
geschieht hier und jetzt.

LASS DICH IN DIE STILLE FALLEN

Müdigkeit, Mattheit, ein Gefühl von Schwäche.
Warum darüber betrübt sein? Es ist gut so. Der Körper will
Ruhe, und der Körper ist oft klüger als der Kopf.
Gönne dir eine Pause. Nutze die Chance, dich in die Stille
fallen zu lassen.
Und die Stille fällt in dich.
Die Stille kennt keine Worte, braucht keine Worte. In ih-
rem Bann lichtet sich der Alltagsnebel, und du erkennst
die eigentlichen Zusammenhänge.
Nichts kann gegeben werden mit Worten, das der Bedeu-
tung der Stille gleichkommt.
Du kannst ein Teil von ihr werden, wenn du dich ihr nä-
herst – mit Liebe, Hingabe und Behutsamkeit.

MEDITATION

Meditation ist die Kunst,
sich voll und ganz
im Hier und Jetzt aufzulösen –

das große Kunststück,
als Ich unterzugehen,
um als Leben aufzutauchen.

VERLANGSAMUNGSWUNSCH

Laß uns die Zeit
langsamer machen,
damit wir mehr
von ihr haben.
Laß uns langsamer sein,
damit wir mehr
von uns haben.
Laß uns den
wunderbaren Augenblick
so lang wie möglich auskosten,
damit das Glück
mehr von uns hat –

und wir mehr von ihm.

NIMM DIR ZEIT FÜR DICH SELBST

Laß keinen Tag verstreichen, ohne dir wenigstens einmal Zeit für dich selbst zu nehmen.

Zeit zum Entspannen, Durchatmen und Ausruhen von den Anforderungen des Alltags. Zeit, die dir ganz gehört, die du mit keiner Pflicht, keiner Arbeit teilen mußt. Zeit, in der du ganz einfach lebst und den Augenblick genießt. In der du dich einem Tagtraum hingibst, einer Phantasie, in der du dich aus dem Alltagstrott befreist und das Leben aus einem anderen Blickwinkel betrachtest.

Lehne dich innerlich zurück, mach es deinem Gemüt bequem! Laß Ruhe und Stille in dich einströmen und lausche in dich hinein.

Nenne es Entspannung, Erholung oder Meditation, Befreiung von Sachzwängen – nenne es, wie du willst. Aber gönne es dir wenigstens einmal am Tag.

SICH IN GEDULD ÜBEN

Ich will niemals
eine wichtige Entscheidung treffen,
wenn mein Bewußtsein eingetrübt,
mein Herz vernebelt,
meine Seele geschwächt ist.

Ich will mich
so lange in Geduld üben,
bis ich wieder klar sehe,
deutlich fühle
und wieder bei mir bin.

Treffe ich dann
meine Entscheidung
aus der Mitte meines Wesens,
wird sie wesentlich sein
und mir niemals
Grund zur Reue geben.

ZEITMASSTAB

Zeit hat nur,
wer sich erlauben kann,
sie im richtigen Moment
völlig zu vergessen.

PRAKTISCHE LEBENSKUNST

Praktische Lebenskunst
besteht darin,
so viel Zeit wie möglich
in reinem Lebensgenuß
zu verbringen.

GELASSEN SEIN

Ich will
in allen Lebenslagen gelassen sein,
aber nicht gleichgültig –
gleichgültig ist ein anderes Wort
für abgestumpft.

Gelassenheit ist die Fähigkeit,
bei unangenehmen Überraschungen
innerlich möglichst ruhig zu bleiben
und sie hinzunehmen
als unvermeidliche Bestandteile des Lebens.

Gelassenheit verhindert,
daß ich aus der Mücke
einen Elefanten mache,
auch wenn ihr Stich mich juckt.

LAUSCHE DER STILLE

Suche die Stille und lausche mit offenem Empfinden in sie hinein.

Und du wirst spüren, daß sie stets auf dich wartet und immer bereit ist, dir ihren verborgenen Reichtum zu schenken, wenn du ihn nur wahrnimmst.

Momente der Stille sind etwas Kostbares in unserer lauten, rastlosen Welt.

Sie sind Quellen, aus denen du Frieden und Gelassenheit trinken kannst.

Sie sind Orte, zu denen du dich zurückziehen kannst, wenn dich der Alltagslärm taub für die leise Stimme deiner Seele gemacht hat.

GEGENWÄRTIG

Nur wer ganz
in der Gegenwart lebt,
ohne sehnsüchtige Erinnerungen
an die Vergangenheit
und hoffnungsvolle Erwartungen
an die Zukunft –

nur der hat eine Chance,
daß die Gegenwart
auch ganz in ihm lebt.

Ausruhen

Den richtigen
Platz finden
und ausruhen.
Alles zu sich
kommen lassen.
Und erst
von dort fortgehen,
wenn der Glanz
des Lebens aus
dem eigenen
Inneren leuchtet.

Inhaltsverzeichnis

DER AUTOR

Hans Kruppa ist einer der meistgelesenen deutschen Dichter und Aphoristiker. Er lebt als freier Schriftsteller in Bremen. Seine Gedichte und Märchen, Erzählungen und Romane, Aphorismen und Kurzgeschichten hat er in mehr als hundert Büchern mit einer Gesamtauflage von über zwei Millionen veröffentlicht. Einige seiner Bücher wurden in andere Sprachen übersetzt. Für sein schriftstellerisches Werk wurde Hans Kruppa mit dem New Yorker Otto-Mainzer-Preis ausgezeichnet.

„Er gilt als Meister der Liebeslyrik, als Mann, der mit dem Herzen denkt, als Realist mit Mut zu seinen Gefühlen. Hans Kruppa spielt gekonnt auf der Klaviatur der Zwischentöne und hat damit großen Erfolg." (Westfälische Nachrichten)

„Wer Hans Kruppa zuhört, dem können sich selbst die tristesten Stunden in „eine gute Zeit" verwandeln." (Deutsche Tagespost, Würzburg)

„Kaum ein deutscher Autor ist so vielseitig und erfolgreich wie Hans Kruppa. Ob er Liebeslyrik verfaßt, Märchen erzählt oder Romane schreibt, jedes Mal fließt viel Herzblut in seine Arbeit mit ein." (Visionen)

„Der Lyriker probiert, ohne daß er sich über die gesellschaftspolitische Lage Illusionen machte, auch „Schönwetterworte", und mit ihnen stellt sich Phantasie ein, Leichtigkeit…" (Die Zeit)

Mehr Informationen: www.hans-kruppa.de